CB079784

Projeto Jimboê

O **Projeto Jimboê** oferece conteúdo completo em todos os sentidos e integra materiais impressos com objetos digitais. Acesse o portal exclusivo do projeto e aproveite o que a **Editora do Brasil** preparou para você.

Portal exclusivo do projeto:
www.editoradobrasil.com.br/jimboe

Imagem meramente ilustrativa.

Instruções para acesso aos conteúdos digitais

Acesse o portal exclusivo do projeto (www.editoradobrasil.com.br/jimboe) e digite seu e-mail e senha. Caso ainda não os tenha, faça o cadastro. Digite o código abaixo para liberar o acesso:

2325942A4758333

Este código libera o acesso dos conteúdos digitais relativos à matéria e ao ano deste livro. Informamos que esse código é pessoal e intransferível. Guarde-o com cuidado, pois é a única forma de acesso ao conteúdo restrito do portal.

Editora do Brasil

Projeto Jimboê

3º ano

Jimboê
é uma palavra da língua tupi que significa "aquele que aprende, que ensina".

Ciências

Elaine Bueno • Carolina Lamas
Alysson Ramos • Rosangela Borba

Editora do Brasil

Dados Internacionais de Catalogação na Publicação (CIP)
(Câmara Brasileira do Livro, SP, Brasil)

Projeto jimboê : ciências, 3º ano / Elaine Bueno...[et al.]. -- 1. ed. -- São Paulo : Editora do Brasil, 2014. -- (Coleção projeto jimboê)

Outros autores: Carolina Lamas, Alysson Ramos, Rosangela Borba
ISBN 978-85-10-05858-2 (aluno)
ISBN 978-85-10-05859-9 (professor)

1. Ciências (Ensino fundamental) I. Bueno, Elaine. II. Lamas, Carolina. III. Ramos, Alysson. IV. Borba, Rosangela.

14-09223 CDD-372.35

Índices para catálogo sistemático:
1. Ciências : Ensino fundamental 372.35

© Editora do Brasil S.A., 2014
Todos os direitos reservados

Direção executiva: Maria Lúcia Kerr Cavalcante Queiroz

Direção editorial: Cibele Mendes Curto Santos
Gerência editorial: Felipe Ramos Poletti
Supervisão editorial: Erika Caldin
Supervisão de arte, editoração e produção digital: Adelaide Carolina Cerutti
Supervisão de direitos autorais: Marilisa Bertolone Mendes
Supervisão de controle de processos editoriais: Marta Dias Portero
Supervisão de revisão: Dora Helena Feres
Consultoria de iconografia: Tempo Composto Col. de Dados Ltda.

Edição: Eduardo Passos, Luísa Almeida Maciel e Nathalia C. Folli Simões
Coordenação editorial: Josiane Sanson
Assistência editorial: Renato Macedo de Almeida
Auxílio editorial: Ana Caroline Mendonça
Apoio editorial: Izabela Pereira Miranda
Coordenação de revisão: Otacilio Palareti
Copidesque: Ana Laura Nascimento e Ricardo Liberal
Revisão: Bruno Freitas
Pesquisa iconográfica: Joana Heliszkowski e Juliane Orosco. Pesquisa de capa: Elena Ribeiro
Coordenação de arte: Maria Aparecida Alves
Assistência de arte: Leticia dos Santos
Design gráfico: Estudio Sintonia e Patrícia Lino
Capa: Andréa Melo, Estúdio Sintonia e Patrícia Lino
Ilustrações: André Aguiar, DAE (Departamento de Arte e Editoração), Estúdio Ornitorrinco, Hélio Senatore, Ilustra Cartoon, Leonardo Conceição, Ligia Duque, Luis Moura, Marcos Guilherme, Paula Radi, Paulo César Pereira, Ronaldo Barata, Saulo Nunes Marques, Vagner Coelho e Vanessa Alexandre
Produção cartográfica: Alessandro Passos da Costa, DAE (Departamento de Arte e Editoração) e Sonia Vaz
Coordenação de editoração eletrônica: Abdonildo José de Lima Santos
Editoração eletrônica: Elbert Stein
Licenciamentos de textos: Renata Garbellini
Coordenação de produção CPE: Leila P. Jungstedt
Controle de processos editoriais: Beatriz Villanueva, Bruna Alves, Carlos Nunes e Rafael Machado

O poema O ar (o vento) de autoria de Vinicius de Moraes foi autorizado pela VM Empreendimentos Artísticos e Culturais Ltda, além de: © VM e © Cia. das letras (Editora Schwarcz).

1ª edição, 1ª impressão, 2014
Impresso no parque gráfico da Editora FTD

Editora do Brasil

Rua Conselheiro Nébias, 887 – São Paulo/SP – CEP 01203-001
Fone: (11) 3226-0211 – Fax: (11) 3222-5583
www.editoradobrasil.com.br

Imagem de capa

Coleção particular

Aldemir Martins. *Estudo para ilustrar poema de Gilberto Freyre*, 1980. Técnica mista sobre papel. 60 x 40 cm.

Aldemir Martins (1922-2006) nasceu na cidade de Ingazeiras, no Ceará, e faleceu na cidade de São Paulo. Desde criança se dedicou ao desenho e ajudou a criar, em 1941, o Centro Cultural de Belas Artes, em Fortaleza. Viveu no Rio de Janeiro e, em 1946, chegou a São Paulo. Após receber prêmio do Salão Nacional de Arte Moderna, morou por dois anos na Itália. Realizou trabalhos como desenhista e pintor, além de produzir xilogravuras e ilustrações. Estudou História da Arte e gravura e realizou cursos do Museu de Arte de São Paulo Assis Chateaubriand (Masp). Participou de importantes exposições, como a XXVIII Bienal de Veneza, na qual recebeu o prêmio de melhor desenhista internacional. Na composição de algumas de suas obras, retratou temas tipicamente nacionais, como o cangaço e a seca do sertão.

Apresentação

Querido aluno,

Você não imagina as surpresas que foram preparadas neste livro. Veja:

- histórias em quadrinhos;
- experimentos;
- jogos e brincadeiras;
- sugestões de pesquisa;
- e muito mais...

Apresentamos também ideias em textos muito interessantes, porque sabemos o quanto você é curioso e quer entender o que acontece no mundo ao seu redor.

Realmente, em nosso mundo acontecem coisas que entendemos melhor quando as observamos, vivenciamos e pesquisamos. É aí que as Ciências da Natureza nos ajudam, propondo experiências práticas que ampliam nossos conhecimentos.

Então, aproveite cada momento de debate, exploração e leitura, além das atividades de Ciências que este livro traz. Registre tudo o que puder no caderno e... procure aprender sempre mais.

Conheça os autores

Alysson Ramos

- Doutor em Métodos Numéricos
- Mestre em Educação
- Licenciado em Física
- Professor do Ensino Fundamental, Médio e Superior

Carolina Lamas

- Pós-graduada em Análise Ambiental
- Formada em Ciências Biológicas
- Professora do Ensino Fundamental e do Ensino Médio

Elaine Bueno

- Pós-graduada em Tecnologias Educacionais
- Formada em Pedagogia e Comunicação Social
- Diretora pedagógica e professora de Educação Infantil e Ensino Fundamental

Rosangela Borba

- Licenciada em Pedagogia
- Especialista em Metodologia do Ensino de 1º grau
- Assessora Pedagógica de Educação Infantil e Ensino Fundamental

Fotos: Iara

Conheça seu livro

UNIDADE 2

A saúde em risco

É hora de trocar ideias

1. Em sua opinião, o que é ter saúde?
2. Em qual cena a criança aparenta estar mais saudável?
3. Em alguma cena ela parece estar doente? Por quê?

Na abertura da unidade você encontra imagens e pequenos textos sobre o tema que será estudado.

Aqui você encontrará algumas questões para entrar no "clima".

Bom papo com...

Ziraldo

Ziraldo nasceu em 1932, na cidade de Caratinga, em Minas Gerais. Ele é bastante conhecido por ser cartunista (quem desenha e escreve charges e tirinhas) e por ser o criador da Turma do Pererê e do Menino Maluquinho. Adora crianças e se preocupa muito com a educação no Brasil. Resumindo, é uma mente criativa que tem várias histórias para contar e para ensinar em sua longa e produtiva vida.

1. **Você teve uma infância feliz?**
Tive uma infância muito feliz. Acho que fui um pouco mais maluquinho do que meu personagem (que é a personificação da criança feliz). Meu apelido no grupo escolar era Bala Perdida. Espero que tenha me transformado em um velho legal.

2. **O que é necessário para uma criança ser feliz?**
Sempre digo que sou contra preparar a criança para o futuro. Criança tem que ser feliz hoje, para ser um adulto feliz no futuro, pois o futuro é feito de muitos "hojes". Às vezes, pode não dar certo, mas é mais provável que dê.

3. **Você já passou pela infância, pela adolescência, pela maturidade e agora está na terceira idade. Existe uma fase melhor que a outra?**
Não. Todas nos apresentam grandes alegrias e aventuras. Acho que me foi dado viver anos fantásticos. Não por mim, mas pelo que aconteceu no mundo ao longo desse tempo. Nunca houve na História um período de tantas transformações. Em todos os campos.
Meu impulso é continuar produzindo, fazendo, fazendo...
O tempo que a gente gasta sonhando é o mesmo que a gente gasta fazendo.

Entrevista concedida especialmente para esta obra.

31

Nesta seção, você encontra entrevistas muito interessantes com quem tem sempre algo especial a dizer sobre o tema estudado.

CAPÍTULO 1

Plantas e suas características

Bate-bola: Que elementos feitos das plantas vocês conseguem ver na imagem?

Mãos à obra

De que partes a planta é formada?

1. Reúna-se em grupos.
2. O professor fornecerá uma planta para cada grupo.
3. Observe as partes da planta, a cor e todos os detalhes.
4. Faça um desenho detalhado da planta observada em uma folha à parte.
5. Indique no desenho o nome das partes que você conhece.

146

As partes da planta

O corpo dos animais é formado por diversas partes e cada parte tem uma função. Nos vegetais isso também ocorre.

O corpo dos vegetais – que também chamamos de plantas – pode ser formado por raiz, caule, folhas, flores, frutos e semente. Veremos cada uma delas, com mais detalhes, a seguir. Observe a imagem a seguir.

Raiz

A principal função das raízes é absorver água e sais minerais do ambiente. As raízes também fixam a planta ao solo.

Algumas raízes também armazenam nutrientes, como as raízes da cenoura, o que as torna grossas.

147

Seção de atividades de pesquisa, produções artísticas, criação de modelo, vivência, debates, trabalhos manuais, saída e pesquisa de campo.

Atividades práticas relacionadas aos temas das Ciências da Natureza.

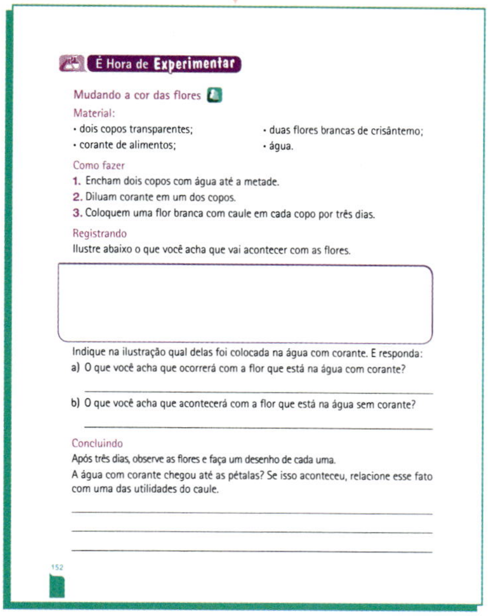

É Hora de Experimentar

Mudando a cor das flores

Material:
- dois copos transparentes;
- corante de alimentos;
- duas flores brancas de crisântemo;
- água.

Como fazer
1. Encham dois copos com água até a metade.
2. Diluam corante em um dos copos.
3. Coloquem uma flor branca com caule em cada copo por três dias.

Registrando
Ilustre abaixo o que você acha que vai acontecer com as flores.

Indique na ilustração qual delas foi colocada na água com corante. E responda:
a) O que você acha que ocorrerá com a flor que está na água com corante?
b) O que você acha que acontecerá com a flor que está na água sem corante?

Concluindo
Após três dias, observe as flores e faça um desenho de cada uma.
A água com corante chegou até as pétalas? Se isso aconteceu, relacione esse fato com uma das utilidades do caule.

152

Quadrinhos com uma turma divertida, que comenta o assunto que está sendo visto.

Um bom prato de comida

Além de evitar certos alimentos, é muito importante saber quais devemos priorizar. Alimentos gordurosos ou açucarados têm poucos nutrientes e, por isso, devem ser evitados.

Pensando nisso, alguns pesquisadores criaram o **prato saudável**. Esse prato sugere a quantidade de cada alimento que deve ser ingerida diariamente. Veja o modelo.

Observe que metade do prato é composto por alimentos ricos em vitaminas e sais minerais como as verduras, e os legumes. A outra metade é dividida entre alimentos ricos em carboidratos, como o arroz e o feijão, e proteínas, encontradas no ovo e na carne.

Fonte: *Prato de Alimentação Saudável* (Healthy Eating Plate). Disponível em: <www.hsph.harvard.edu/nutritionsource/healthy-eating-plate>. Acesso em: ago. 2014.

Turma Conectada

67

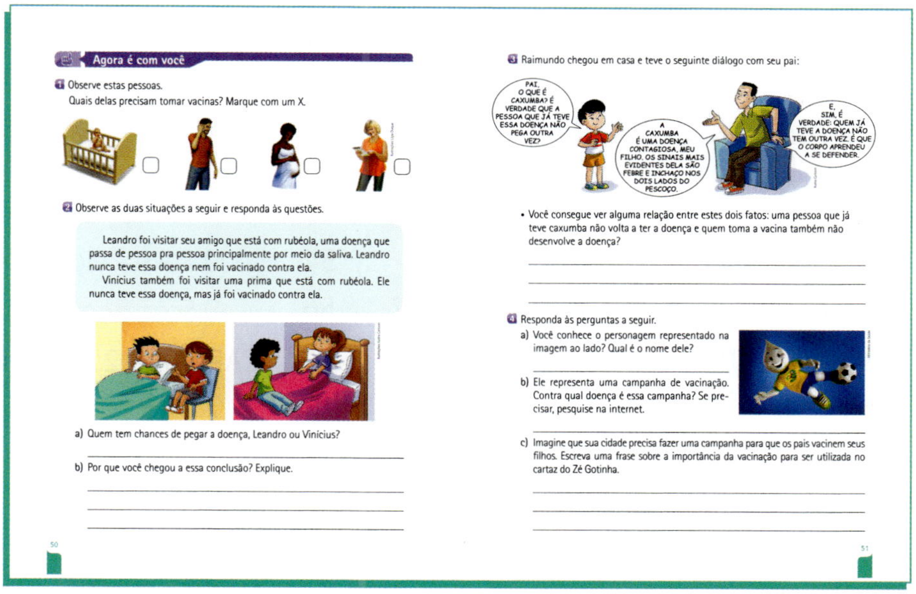

Agora é com você

1 Observe estas pessoas.
Quais delas precisam tomar vacinas? Marque com um X.

2 Observe as duas situações a seguir e responda às questões.

Leandro foi visitar seu amigo que está com rubéola, uma doença que passa de pessoa pra pessoa principalmente por meio da saliva. Leandro nunca teve essa doença nem foi vacinado contra ela.
Vinícius também foi visitar uma prima que está com rubéola. Ele nunca teve essa doença, mas já foi vacinado contra ela.

a) Quem tem chances de pegar a doença, Leandro ou Vinícius?
b) Por que você chegou a essa conclusão? Explique.

50

3 Raimundo chegou em casa e teve o seguinte diálogo com seu pai:

- Você consegue ver alguma relação entre estes dois fatos: uma pessoa que já teve caxumba não volta a ter a doença e quem toma a vacina também não desenvolve a doença?

4 Responda às perguntas a seguir.
a) Você conhece o personagem representado na imagem ao lado? Qual é o nome dele?
b) Ele representa uma campanha de vacinação. Contra qual doença é essa campanha? Se precisar, pesquise na internet.
c) Imagine que sua cidade precisa fazer uma campanha para que os pais vacinem seus filhos. Escreva uma frase sobre a importância da vacinação para ser utilizada no cartaz do Zé Gotinha.

51

Traz atividades que buscam a reflexão e a fixação dos conhecimentos adquiridos.

Orientadores

Atividade em dupla

Atividade em grupo

Atividade oral

Ícone que indica a oportunidade de diálogo **Bate-bola**

Sumário

UNIDADE 1 • O ser humano.................... 10
CAPÍTULO 1: O corpo humano por dentro...... 12
Hora de saber o que há por dentro.................... 13
CAPÍTULO 2: Fases da vida 22
Como é bom ser criança...24
Depois da infância... 25
A fase adulta...26
Os adultos envelhecem 27
Bom papo com... Ziraldo...31
Cantinho de sugestões 33
Relembrando o que estudei.......................................33

UNIDADE 2 • A saúde em risco............... 34
CAPÍTULO 1: Cuidando da saúde....................... 36
Saúde: O que é isso?..37
Bom papo com... Marcio Atalla.................................45
CAPÍTULO 2: Vacinas e saúde 46
Vacinação..47
Cantinho de sugestões..53
Relembrando o que estudei.......................................53

UNIDADE 3 • Cuidados com os alimentos e a alimentação......................... 54
CAPÍTULO 1: De onde vêm os alimentos? 56
De onde vem o que comemos?.................................58
Os alimentos e seus nutrientes.................................59
CAPÍTULO 2: Alimentação saudável e equilibrada.. 64
O que é uma dieta saudável?.....................................65
Cuidados com o preparo e a conservação de alimentos...68
Cantinho de sugestões..73
Relembrando o que estudei.......................................73

UNIDADE 4 • Água, ar, solo e a vida na Terra 74
CAPÍTULO 1: Água, fonte de vida para os seres vivos 76
Água, dona da vida 77
É hora de experimentar...78
CAPÍTULO 2: O ar ao nosso redor....................... 86
O ar em nossa vida 86
Outros seres vivos e o ar..87
O ar e as máquinas 88
CAPÍTULO 3: O solo e sua importância 93
Formação e uso do solo... 94
Quem suja o solo? O ser humano! 98
Cantinho de sugestões 101
Relembrando o que estudei..................................... 101

UNIDADE 5 • O Sol e os seres vivos 102
CAPÍTULO 1: Sol, fonte de luz.............................104
Uma estrela que ilumina e fornece energia.. 105
O Sol e a vida na Terra 106
O Sol e a saúde... 107
CAPÍTULO 2: Sol, fonte de calor..........................112
Calor e temperatura no planeta 113
Cantinho de sugestões 121
Relembrando o que estudei.......................................121

UNIDADE 6 • Animais........................... 122
CAPÍTULO 1: Animais e suas características..124

Entendendo os nomes científicos 124
Alimentação dos animais 127
Reprodução dos animais 127
É hora de experimentar 132
CAPÍTULO 2: Animais vertebrados e invertebrados 133
Animais vertebrados 134
Animais invertebrados 136
CAPÍTULO 3: Extinção dos animais 139
Por que ocorrem extinções? 140
Cantinho de sugestões 143
Relembrando o que estudei 143

UNIDADE 7 • Vegetais 144
CAPÍTULO 1: Plantas e suas características ... 146
As partes da planta 147
É hora de experimentar 152
CAPÍTULO 2: Tudo muito mais verde 153
Desmatamento 153
Bom papo com... Eliane Potiguara 155
Cantinho de sugestões 157
Relembrando o que estudei 157

UNIDADE 8 • A natureza oferece tudo aquilo de que precisamos? 158
CAPÍTULO 1: Recursos naturais 160
Tipos de recursos naturais 161
Ambientes degradados e poluição 164
CAPÍTULO 2: Exploração e transformação de recursos naturais 167
A indústria extrativista 168
A indústria de transformação 169
Bom papo com... Jean Remy Davée Guimarães 170
Cantinho de sugestões 173
Relembrando o que estudei 173

GLOSSÁRIO 174

REFERÊNCIAS BIBLIOGRÁFICAS 175

ENCARTES 176

UNIDADE

1 O ser humano

Ilustra Cartoon

É hora de trocar ideias

1. De quem são as fotografias que a avó está mostrando para a neta?
2. O corpo dessa pessoa sofreu alguma mudança no decorrer da vida?
3. As imagens mostram mudanças físicas da avó. O corpo da neta também mudará com o tempo. Você acha que serão mudanças apenas na aparência ou o corpo também mudará por dentro?

CAPÍTULO

1 O corpo humano por dentro

Tyler Olson/Dreamstime.com

Bate-bola

Você conhece o nome de algum órgão do corpo humano? Sabe qual é sua função?

Mãos à obra

Desenhando juntos

1. O professor desenhará uma silhueta de corpo humano na lousa.
2. Ajude a completar o desenho na lousa indicando a localização do coração, do encéfalo e do estômago.

Hora de saber o que há por dentro

Você se lembra de ter machucado alguma parte do corpo a ponto de sair um pouco de sangue? Você se espantou ao ver esse líquido vermelho saindo de seu corpo?

Pois saiba que dentro de seu organismo existe, sim, bastante sangue, além de ossos, músculos e outros elementos.

Vamos brincar de ver o corpo humano por dentro?

Fotos: Fernando Favoretto

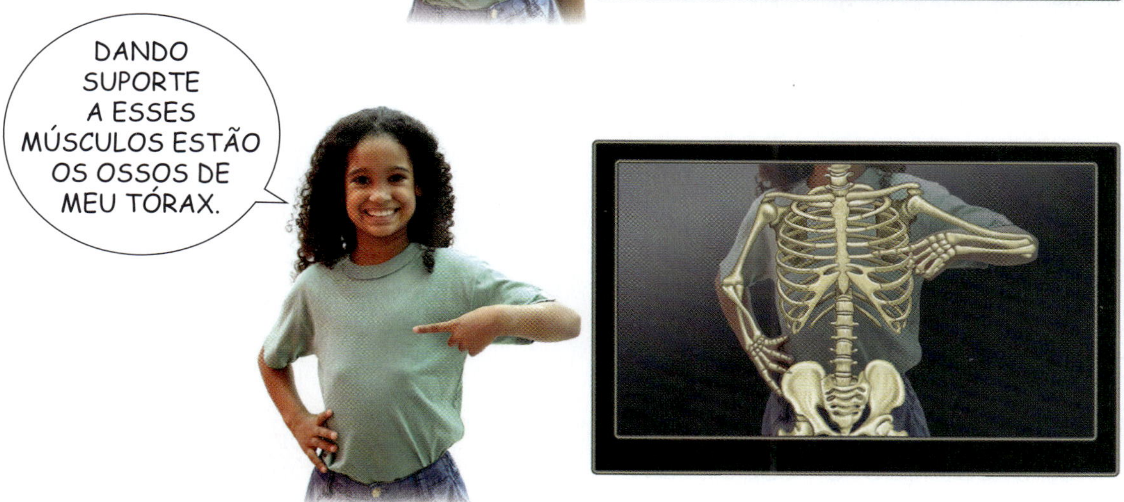

Ilustrações: Paulo César Pereira

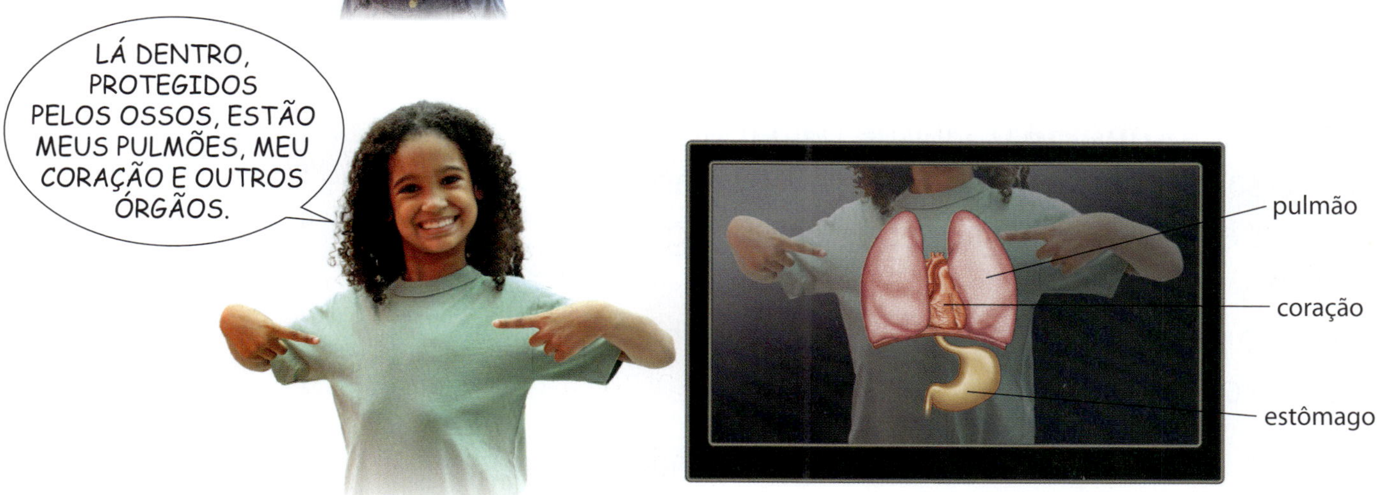

Mais detalhes sobre os órgãos

Além de alguns órgãos internos, você viu exemplos de ossos e músculos. Eles trabalham em conjunto na sustentação e na movimentação do corpo. Observe as imagens.

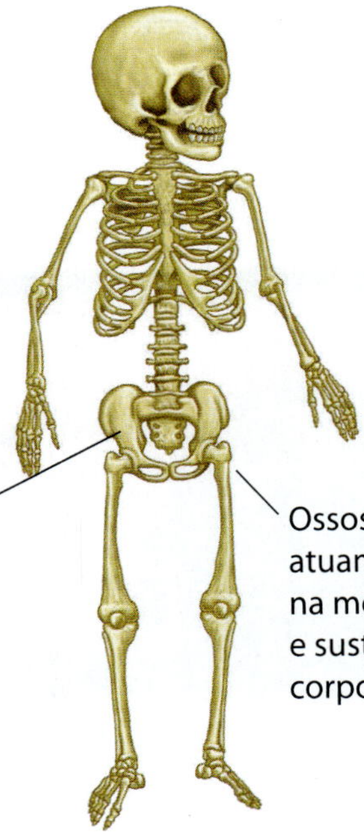

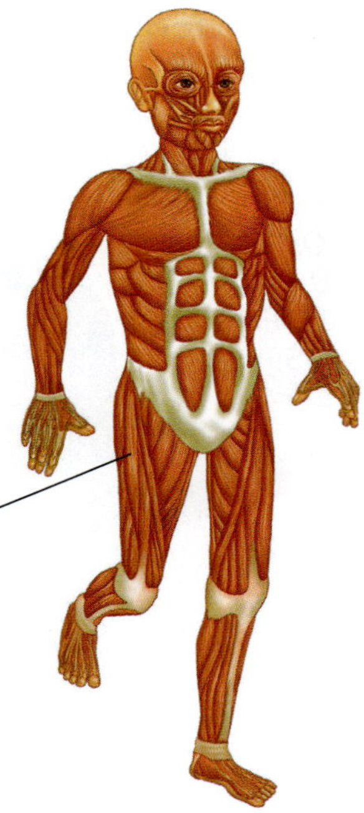

Ilustrações: Paulo César Pereira

O coração e os pulmões

O interior do corpo humano é repleto de órgãos e cada um deles tem uma função.

Na região do tórax, por exemplo, estão localizados o coração e os pulmões.

Em sua opinião, o coração é responsável por nossas emoções, como amor e raiva?

Na verdade não é bem assim. O coração é o órgão que **bombeia** o sangue para todo o corpo. O sangue é um líquido vermelho transportado pelos vasos sanguíneos que carrega nutrientes e gases da respiração para todas as partes do corpo.

Bombear: impulsionar, fazer circular.

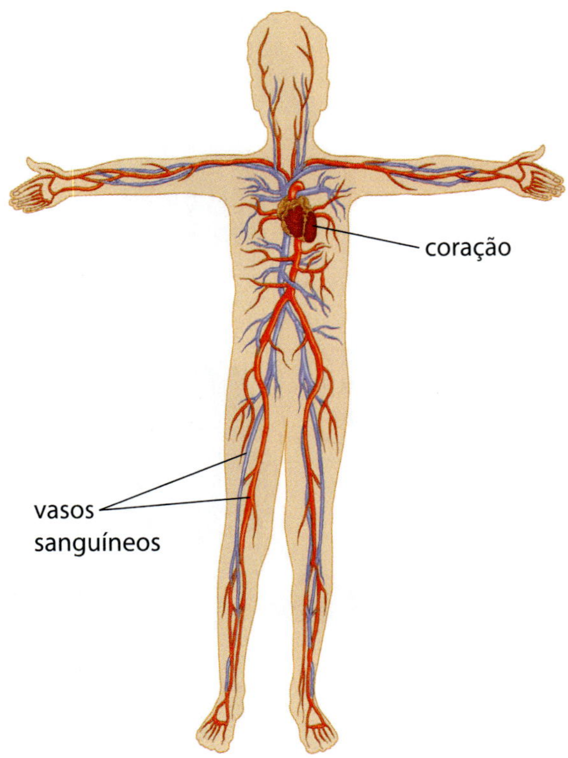

Paulo César Pereira

O conjunto de vasos sanguíneos e coração forma o sistema cardiovascular.

A respiração é essencial para a vida. Nela o ar entra em nossos pulmões trazendo diferentes gases, inclusive o gás oxigênio, que é aproveitado por nosso corpo. Em compensação, nosso organismo libera outro gás, o gás carbônico, que passa pelos pulmões e em seguida sai para o ambiente. Esse movimento ocorre com a ajuda de um músculo chamado **diafragma**.

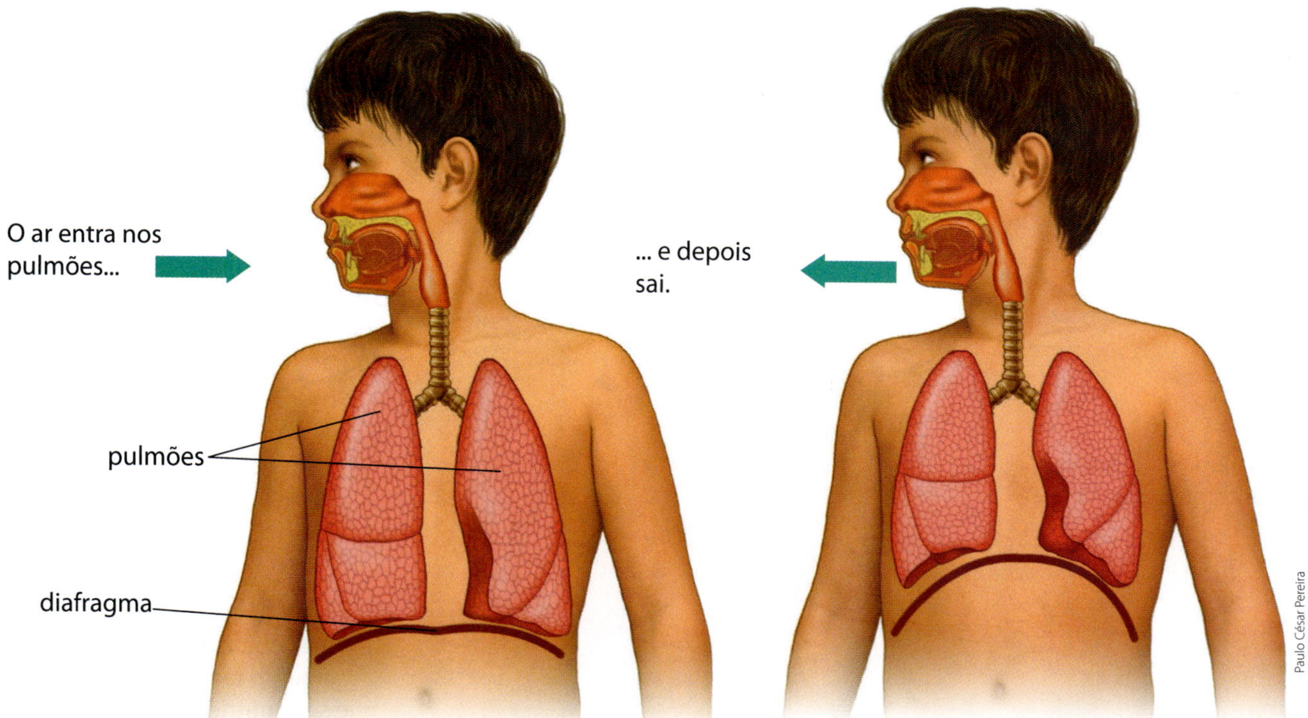

A entrada de ar nos pulmões acontece pelo movimento de **inspiração** e sua saída pela **expiração**.

Lembre-se! O ar é invisível, por isso não conseguimos vê-lo.

Transformando alimento em energia

Para onde vai tudo o que comemos?

O organismo transforma em energia parte do que nós comemos em nossas refeições.

A salada, o bife e o arroz com feijão que você comeu fornecem **nutrientes** para o corpo.

> **Nutriente:** aquilo que serve para nutrir, isto é, para manter o organismo vivo.

A princípio, o alimento é quebrado em pedacinhos muito pequenos em um processo chamado **digestão**. A mastigação é a primeira etapa da digestão, por isso é importante mastigarmos tudo muito bem. Depois vêm outras etapas, no estômago e no intestino.

O fígado é um órgão com funções importantes. Na digestão, ele libera um líquido que ajuda o organismo a absorver os nutrientes dos alimentos.

Observe a imagem a seguir.

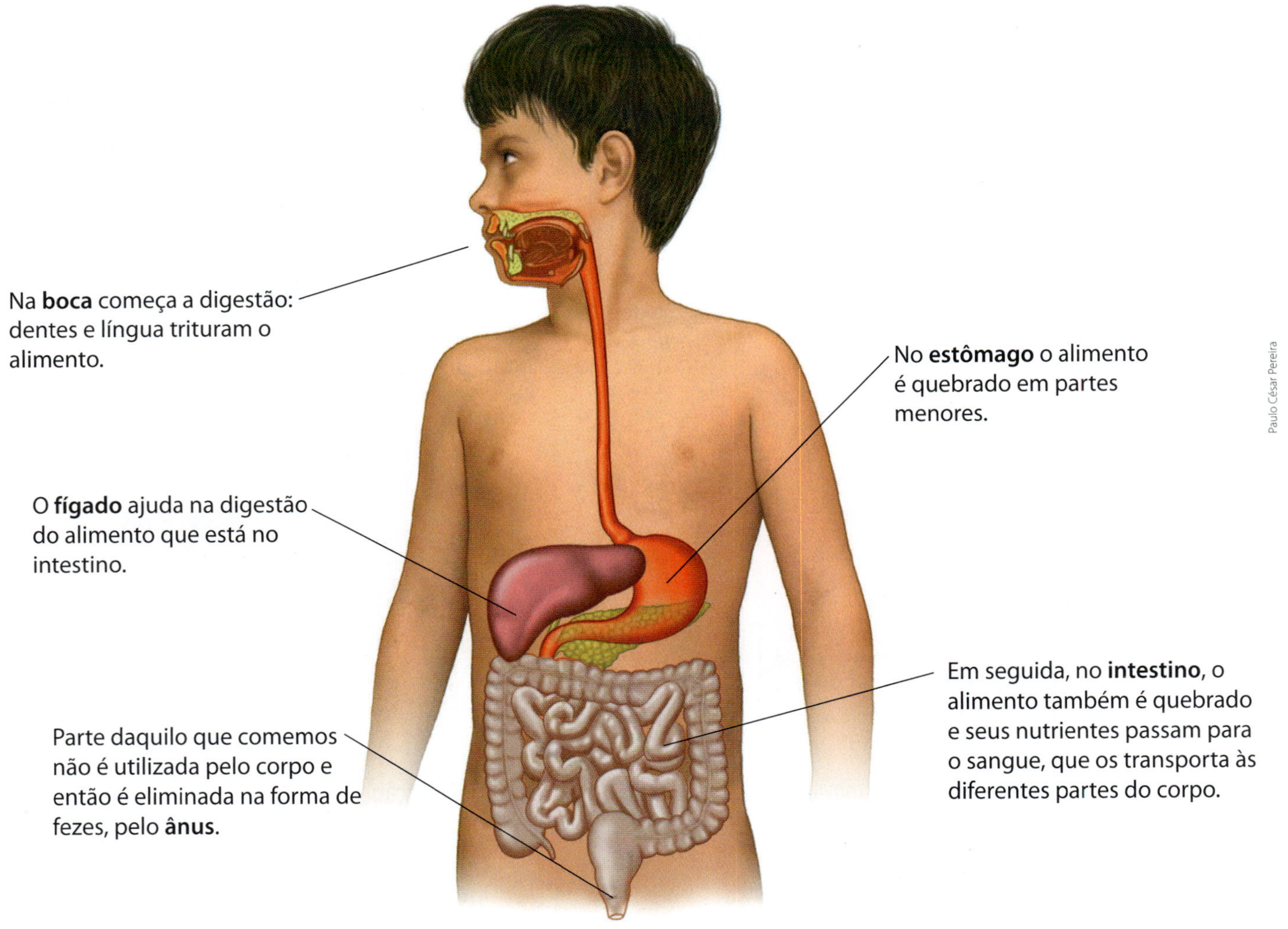

Representação dos órgãos responsáveis pela digestão no corpo humano.

E toda a água que você bebe, vira xixi?

A água é uma substância muito importante ao organismo humano. Ela faz parte do sangue, dos órgãos e de cada pedacinho do nosso corpo. Ajuda no transporte de nutrientes e no funcionamento do corpo como um todo.

Gary S Chapman/Photographer's Choice/Getty Images

Beba água com frequência.

Beber água é essencial, por isso não espere ficar com sede. Beba água sempre que puder, principalmente ao praticar exercícios físicos.

Os órgãos responsáveis pela formação da urina são os rins. Eles **filtram** o sangue ao longo do dia. Tudo aquilo que não é útil ou faz mal ao organismo é retirado do sangue e, juntamente à água, forma a urina. A urina se acumula na bexiga antes de sair do corpo.

Filtrar: ato que ajuda a purificar um líquido, separando sujeiras ou pedaços de materiais.

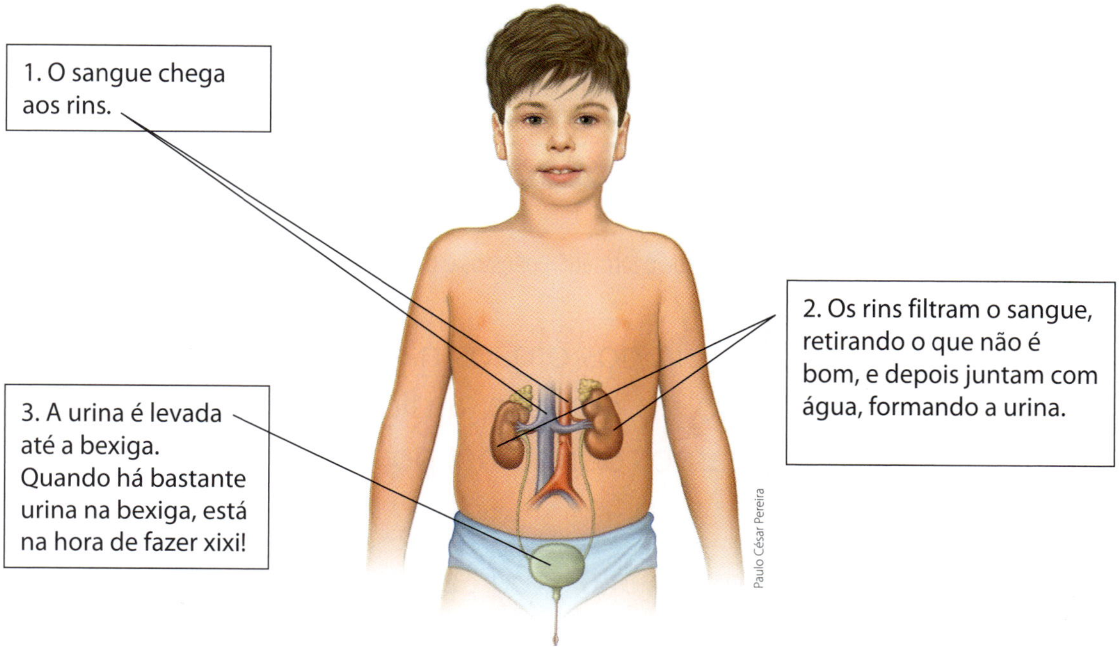

Esquema de formação de urina.

Onde colocar tanto ensinamento?

Você está estudando o corpo humano e talvez se pergunte onde vai guardar tanta informação. A resposta é: no encéfalo, mais precisamente no cérebro, que faz parte do encéfalo.

Eduardo Zappia/Pulsar Imagens

Ao estudarmos, usamos muito o nosso cérebro. É nele que armazenamos as diversas informações aprendidas na aula de Ciências!

O encéfalo é protegido pelo crânio, dentro de nossa cabeça. Ele é responsável por nossos pensamentos, nossa memória e também pelo funcionamento adequado dos órgãos do corpo.

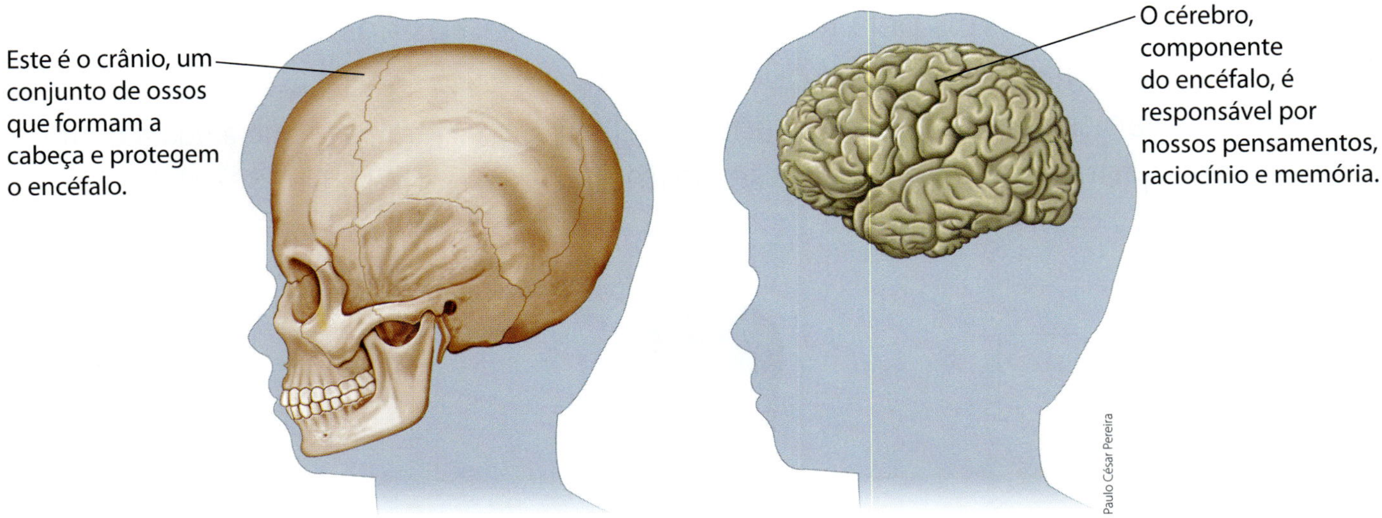

Paulo César Pereira

No interior da cabeça está o crânio, que é formado por ossos e protege o encéfalo.

Na maioria das vezes, o controle dos órgãos não depende de nossa vontade. Assim, a respiração, o batimento do coração, a digestão e a formação da urina acontecem mesmo quando estamos dormindo, por exemplo.

E por falar em dormir, o sono é muito importante pois mantém nosso cérebro sadio e funcionando de maneira adequada. Sabia que, na sua idade, é indicado um mínimo de 10 horas de sono? Você dorme tudo isso?

Os órgãos trabalham juntos!

Costumamos estudar os órgãos separadamente para entender melhor como eles são, mas na verdade eles funcionam em conjunto. Observe a seguir como funcionam alguns órgãos enquanto comemos uma fruta.

Chris Rout/Alamy/Glow Images

Agora é com você

1 Imagine que você está preparando sua festa de aniversário e tem um monte de balões para encher. Qual órgão do corpo é essencial para encher os balões?

____

Foto: Fernando Favoretto/ Ilustração: André Aguiar

2 Observe as ilustrações a seguir e faça o que se pede.

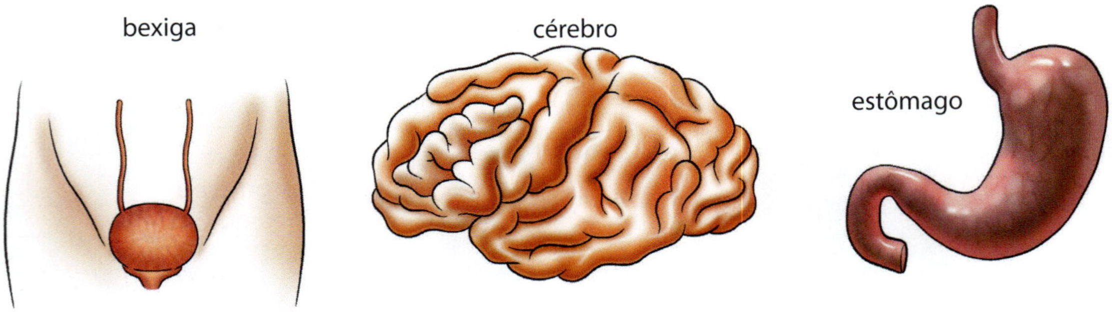

Ilustrações: Saulo Nunes Marques

a) Indique a função de cada órgão representado.

____

____

b) Indique com o número 1 a localização do encéfalo, com o 2 a do estômago e com o 3 a da bexiga.

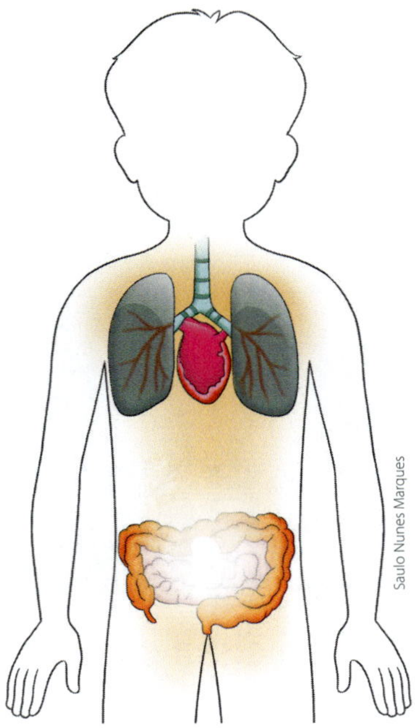

Saulo Nunes Marques

3 Leia o poema e responda às questões.

Os ossos

Tem em velho e tem em moço.
Se é bem magro, ele aparece.
Adivinhe! Ele é o osso!
Viva! Bravo! Esse merece!

Muitos ossos tenho eu
Pra formar meu esqueleto.
Se um dia eles sumirem,
eu desmonto, eu me derreto.

Evelyn Heine. *Corpo humano*. Brasileitura. (Coleção Poesias para Crianças).

a) O esqueleto é formado por quais estruturas?

____

b) Qual é a função do esqueleto?

____

c) O que o personagem quer dizer com "Se um dia eles sumirem, eu me derreto"?

____

____

____

Ponto com

http://ponto com

Você sabia que existem bactérias que moram em nosso intestino e "trabalham" junto com ele? Elas ajudam a digerir os alimentos, e, assim, os nutrientes são aproveitados pelo organismo. E tem mais: elas participam na formação do pum!

Agora, fazendo uma pesquisa na internet, descubra por que soltamos pum e qual é a relação disso com as bactérias.

CAPÍTULO

2 Fases da vida

Fotos: Arquivo Pessoal/Fernando Favoretto

Bate-bola

Por quais transformações o corpo da senhora passou ao longo da vida?

Seu corpo passou por transformações desde quando era um bebê até hoje?

Mãos à obra

Repensando sua história

1. Colete fotografias e, se possível, alguns objetos seus da época em que você era bebê. Peça ajuda a seus familiares.

Fernando Favoretto

2. Pergunte a eles se lembram de histórias relacionadas às fotografias e aos objetos e escreva-as abaixo.

3. Leve um desses objetos à sala de aula e compare o que você levou com o que os colegas levaram.

4. Agora responda às questões.

a) Você reconhece algumas características de seu rosto mostradas nas fotografias que ainda estão presentes hoje? Quais?

b) Você ainda usa o objeto que levou?

c) Como esse objeto era utilizado por você quando era bebê?

Como é bom ser criança

Um bezerro consegue ficar em pé e mamar sozinho logo após o nascimento. Um bebê de ser humano, recém-nascido, também é capaz de fazer isso?

Os bebês e as crianças estão na fase chamada **infância**, que vai desde o nascimento até os 12 anos de idade. No entanto, os bebês e as crianças apresentam características diferentes.

Iakov Filimonov/Shutterstock

Os bebês precisam de cuidados constantes para sobreviver.

Pouco antes de completar 2 anos de idade, é comum as crianças já conhecerem e falarem algumas palavras. No decorrer da infância, os seres humanos se desenvolvem bastante, aprendem a falar, sentar, andar e se alimentar sozinhos, tornando-se cada vez menos dependentes dos adultos.

Iofoto/Shutterstock

Toda criança tem o direito de estudar e brincar.

Depois da infância...

Quando termina a fase da infância, vem uma nova etapa da vida – a **adolescência**. Essa fase começa por volta dos 12 anos de idade e termina aos 18 anos. Durante a adolescência, o ser humano continua seu desenvolvimento com muitas mudanças físicas:

- cresce rapidamente em altura;
- os **órgãos genitais** se modificam;
- surgem mais pelos nas pernas, nos braços, nas axilas, nos órgãos genitais etc.;
- podem surgir algumas espinhas no rosto;
- em mulheres, os seios se desenvolvem;
- em homens, a voz engrossa, e surgem barba e bigode.

Órgãos genitais: órgãos responsáveis pela reprodução. O pênis é um dos órgãos genitais masculinos, assim como a vulva é um órgão genital feminino.

Na adolescência começam a ficar mais evidentes as diferenças físicas entre homens e mulheres.

Dotta

Nessa fase, as pessoas passam por diversas modificações no corpo e na maneira de pensar.

Image Source/Getty Images

Durante a adolescência os laços de amizade são fortalecidos.

A fase adulta

A fase adulta começa por volta dos 18 anos de idade. Nesse ponto o corpo dos seres humanos completou seu desenvolvimento físico e atingiu a altura máxima. É nessa fase também que as pessoas planejam se reproduzir, ou seja, ter filhos.

A escolha de ter filhos é do casal, pois a criação de um novo ser humano envolve carinho e muita dedicação por parte de seus pais. Há muitos adultos que optam por não se reproduzir.

Em geral, as pessoas na fase adulta trabalham e tornam-se independentes para cuidar de si mesmas.

Saulo Nunes Marques

Delfim Martins/Pulsar Imagens

Na idade adulta, os brasileiros têm o dever de votar nas eleições municipais, estaduais e federais.

Cultura RM/Matelly/Collection Mix/Getty Images

Os adultos são responsáveis por si mesmos e trabalham para se sustentar.

Os adultos envelhecem

Durante a fase adulta, existem dois momentos. Logo que os seres humanos entram nessa fase, são chamados de **jovens adultos**. Com o passar dos anos, eles envelhecem cada vez mais até serem considerados **idosos**.

Essa etapa da fase adulta pode ser chamada de velhice ou terceira idade e inicia-se em torno dos 60 ou 65 anos. Nela ocorrem mudanças visíveis no corpo: o organismo vai perdendo gradualmente a força muscular, surgem rugas e cabelos brancos, e a memória também pode ficar prejudicada.

Os idosos, acumularam experiências e muita sabedoria ao longo da vida e devem ser valorizados e respeitados.

Jayne Russell/Getty Images

Uma vida saudável pode garantir bastante qualidade de vida na velhice. Este é o caso de Fauja Singh, no centro da imagem, que se alimenta e dorme bem, além de correr regularmente. Em 2013, com 102 anos, Singh participou de sua última corrida, em Hong Kong.

Mãos à obra

Conhecendo os idosos

1. Converse com um conhecido seu que já esteja na terceira idade e peça-lhe que mostre a você fotografias de quando era jovem. Compare a aparência dele hoje com aquela nas fotografias e descreva alguns aspectos que mudaram bastante ao longo da vida.
2. Em seguida, faça uma pesquisa na internet sobre os direitos dos idosos e discuta com os colegas: O que é atendimento preferencial e em quais situações ele deve ocorrer?

Agora é com você

1 Algumas vezes, Carol gostaria de brincar com os irmãos da mesma forma que brinca com as colegas da escola, mas isso não é possível.

a) Em qual fase da vida Carol e os gêmeos estão?

____

b) Por que os gêmeos não podem brincar com Carol do jeito que ela gostaria?

____

____

____

2 A cena a seguir é do filme *Up – Altas aventuras.*

Walt Disney Co./courtesy Everett Collection/AFP

a) Em que fase da vida está Carl, o personagem à direita? E em que fase da vida está Russel, o personagem à esquerda?

____

____

____

b) Apesar de estarem em fases da vida diferentes, Carl e Russel desenvolvem uma saudável amizade. É possível ter amizades com pessoas de idade diferente da sua?

____

____

____

3 Sentados em roda, observem os detalhes da obra da artista Helena Coelho e respondam às questões.

Galeria Jacques Ardies

Helena Coelho. *As crianças da Vila Jacilo*. Óleo sobre tela, 40 × 60 cm.

a) Vocês conhecem essas brincadeiras? Já brincaram de alguma?

____

____

____

b) Para vocês, qual é a importância de brincar?

____

____

____

c) Muitos adultos dizem que é muito bom ser criança. Em sua opinião, o que há de melhor na infância?

____

É hora de saber mais

Guerra de bombons

Marcos Guilherme

O engraxate estava distraído.

Distante,

Correndo num mundo em que ele ainda não precisava trabalhar.

Nem viu o homem elegante aproximar-se.

O homem o cutucou e ele deu um salto.

Um grande salto.

Do mundo de dentro para a rua movimentada.

– Quer graxa hoje, freguês?

– Quero.

– Pode sentar, freguês.

– Quanto vai custar?

– Paga o quanto puder, o quanto o senhor achar que vale o serviço. [...]

– Como você se chama, menino?

– Guilherme, mas pode me chamar de Guiga. Fica mais fácil de gravar. E o senhor?

– Eu o quê?!

– Qual o nome do senhor?

– Pedro, mas pode me chamar de Pedrão, sem o senhor.

A flanela deslizava pelos sapatos marrons.

A flanela ia e vinha.

Ligeira.

Buscando o brilho. [...]

Jonas Ribeiro. *Guerra de bombons*. São Paulo: Editora do Brasil, 2004. p. 4 e 6.

1 Responda às questões.

a) O que distraía o engraxate, antes de o homem elegante chegar?

b) Por que crianças não deveriam trabalhar?

c) Por que você acha que algumas crianças trabalham?

Bom papo com...

Ziraldo

Marcelo Correa

Ziraldo nasceu em 1932, na cidade de Caratinga, em Minas Gerais. Ele é bastante conhecido por ser cartunista (quem desenha e escreve charges e tirinhas) e por ser o criador da Turma do Pererê e do Menino Maluquinho. Adora crianças e se preocupa muito com a educação no Brasil. Resumindo, é uma mente criativa que tem várias histórias para contar e para ensinar em sua longa e produtiva vida.

1 Você teve uma infância feliz?

Tive uma infância muito feliz. Acho que fui um pouco mais maluquinho do que meu personagem (que é a personificação da criança feliz). Meu apelido no grupo escolar era Bala Perdida. Espero que tenha me transformado em um velho legal.

2 O que é necessário para uma criança ser feliz?

Sempre digo que sou contra preparar a criança para o futuro. Criança tem que ser feliz hoje, para ser um adulto feliz no futuro, pois o futuro é feito de muitos "hojes". Às vezes, pode não dar certo, mas é mais provável que dê.

3 Você já passou pela infância, pela adolescência, pela maturidade e agora está na terceira idade. Existe uma fase melhor que a outra?

Não. Todas nos apresentam grandes alegrias e aventuras. Acho que me foi dado viver anos fantásticos. Não por mim, mas pelo que aconteceu no mundo ao longo desse tempo. Nunca houve na História um período de tantas transformações. Em todos os campos.

Meu impulso é continuar produzindo, fazendo, fazendo...

O tempo que a gente gasta sonhando é o mesmo que a gente gasta fazendo.

Ziraldo

Entrevista concedida especialmente para esta obra.

Aprender brincando

A vida num tic-tac

Nascer, chorar. Tic-tac
A hora chega! Tic-tac
Mamar, sorrir. Tic-tac
Você já viu? Tic-tac
Falar, andar. Tic-tac
Ela passou... Tic-tac
Chegar, correr. Tic-tac
Ainda há tempo? Tic-tac
Brincar, amar. Tic-tac

Tente pegar! Tic-tac
Ficar, casar. Tic-tac
Tente pegar!
Ainda há tempo?
Ela passou...
Você já viu?
A hora chega!
Viver, morrer. Tic-tac
Tic-tac... Tic-tac...

Texto escrito especialmente para esta obra.

Marcos Guilherme

Os versos do poema foram escritos nas cores azul, vermelha e verde.

Vamos recitar esse poema em forma de jogral?

1. Organizem-se em três grupos: as crianças dos versos azuis, as dos vermelhos e as dos verdes.
2. Ensaiem e apresentem o jogral para outros alunos e professores da escola.
3. Agora responda às questões.
   a) Quais são as duas palavras do poema que marcam, respectivamente, o início e o fim da vida de um ser humano?

   ____

   b) O que representam os "tic-tac" tão frequentes no poema?

   ____

   ____

Cantinho de sugestões

Livro

Companhia Editora Nacional

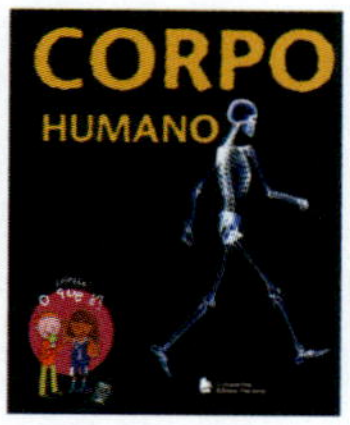

- *Corpo humano*, de Charline Zeitoun. São Paulo: Companhia Editora Nacional, 2006.
  O livro explica de maneira interativa o funcionamento do corpo humano.

Editora Girassol

- *Corpo humano: um livro pra quem tem estômago!*, de Dan Green. Barueri: Editora Girassol, 2011.
  O livro mostra curiosidades incríveis que ocorrem no interior do corpo humano.

Site

- **Para que servem os órgãos?:** esse *site* traz um áudio interessante sobre o assunto. Disponível em: <http://objetoseducacionais2.mec.gov.br/handle/mec/14109>.

Relembrando o que estudei

- O corpo é formado por vários elementos, como sangue, ossos, músculos e órgãos.
- O coração é responsável por bombear o sangue por todo o corpo.
- Os pulmões participam da respiração, inspirando e expirando o ar.
- Estômago, fígado e outros órgãos participam em conjunto da digestão.
- Os rins formam a urina, que é armazenada na bexiga.
- O encéfalo interpreta os sentidos e produz os pensamentos e a memória, além de controlar o funcionamento dos outros órgãos.
- As fases da vida são: infância, adolescência e vida adulta. No final da fase adulta, as pessoas tornam-se idosas.

UNIDADE 2

A saúde em risco

Ilustrações: Saulo Nunes Marques

É hora de trocar ideias

1. Em sua opinião, o que é ter saúde?
2. Em qual cena a criança aparenta estar mais saudável?
3. Em alguma cena ela parece estar doente? Por quê?

CAPÍTULO

1 Cuidando da saúde

Simon Marcus/Corbis/Latinstock

Bate-bola

Por que é importante lavar as frutas antes de comê-las?

Mãos à obra

Quando o corpo adoece

1. Entreviste um colega da sala de aula e faça-lhe as perguntas a seguir.
   a) Quando foi a última vez em que esteve doente?

   ____

   b) Você sentia dores ou fraqueza? Quais eram os sintomas, ou seja, de que modo a doença se mostrava no corpo?

   ____

   ____

c) Você precisou tomar remédio? Como era esse remédio?

____

____

Saúde: O que é isso?

Para uma pessoa ter saúde ela precisa estar livre de doenças e em completo bem-estar físico, mental e social. Observe as situações a seguir.

Praticar esportes e outras atividades físicas promove o convívio em grupos e exercita o corpo.

Toda criança adora brincar. Quando brincamos, nos divertimos muito e fortalecemos amizades.

Ilustrações: Saulo Nunes Marques

O bem-estar físico, mental e social requer uma boa alimentação, atendimento médico de qualidade, moradia, lazer, prática de atividades físicas, segurança e outros cuidados.

Quando uma pessoa não está bem fisicamente, muitas vezes o corpo apresenta-se de maneira diferente do normal. Os sintomas (ou sinais) mais comuns são febre, cansaço, dores no corpo e coriza, entre outros.

A leitura exercita a nossa mente e nos enriquece com cultura e saber.

Uma pessoa saudável

Em nosso corpo, os órgãos trabalham de forma integrada. Quando um deles não funciona muito bem, o organismo todo pode ser prejudicado e desenvolver doenças. A entrada de microrganismos ou outros seres em nosso corpo também pode provocar diversas doenças.

Devemos estar atentos a alguns hábitos de nosso cotidiano. Má alimentação, poucas horas de sono e falta de atividade física podem provocar problemas no organismo e levar ao aparecimento de doenças.

Marcos Guilherme

A **alimentação** nutre o corpo e o ajuda a combater os microrganismos causadores doenças. A **higiene** dificulta a entrada desses seres.

Fernando Favoretto/Criar Imagem

Uma boa alimentação inclui a ingestão de alimentos variados e baixo consumo de gordura e açúcar.

Blend Images/Alamy/Glow Images

Lavar as mãos é um hábito de higiene que evita a entrada de microrganismos no nosso corpo.

A higiene nos mantém saudáveis

Para nos protegermos dos microrganismos que podem nos fazer mal é importante ter hábitos de higiene, como tomar banho, lavar as mãos, escovar os dentes, usar roupas limpas e manter os ambientes limpos.

Os alimentos também devem ser higienizados e conservados. Para isso, eles devem ser protegidos de insetos e outros animais e guardados em locais adequados. Alguns alimentos podem ser guardados em armários, já outros precisam ser mantidos bem frios em uma geladeira.

Como a água pode conter microrganismos ou ovos de animais causadores de doenças, é importante sempre fervê-la ou filtrá-la antes de consumir.

Dotta

Os filtros ajudam a manter a água livre de sujeira e de seres causadores de doenças.

Alekso94/Shutterstock

Ao lavar o alimento antes de consumi-lo removemos microrganismos e substâncias que podem nos fazer mal.

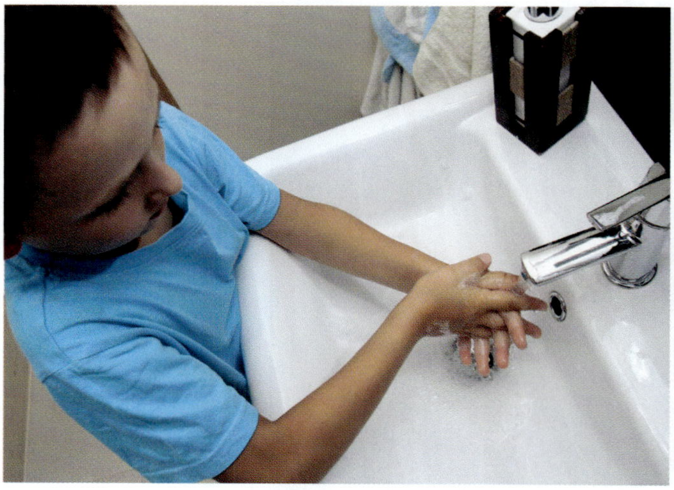

Greenland/Shutterstock

Lave sempre as mãos antes de comer e depois de ir ao banheiro.

Flickr RF/Getty Images

O banho retira suor e sujeira do corpo, mantendo-o limpo e livre de doenças.

Conhecendo um pouco melhor os seres que causam doenças

Existem muitos tipos de **microrganismos** e eles estão presentes em todo tipo de ambiente: no chão de casa, nos brinquedos do parquinho, na terra, nas maçanetas das portas, na água do rio etc. As **bactérias**, os **protozoários** e os **vírus** são microrganismos, e alguns deles podem causar doenças nos seres humanos. Percebemos que estamos doentes quando sentimos dores, cansaço e **febre**.

Como você estudou no 2º ano, os microrganismos são invisíveis a olho nu e só podem ser observados pelo microscópio.

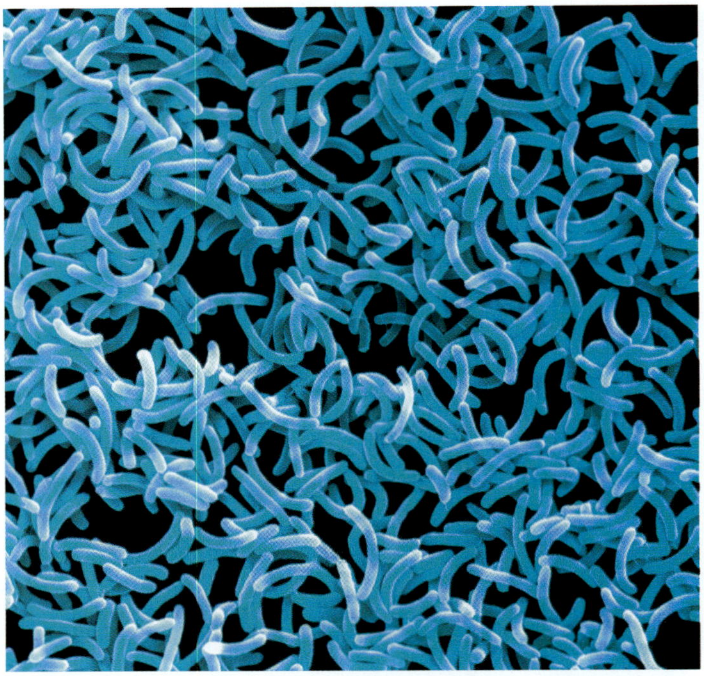

Visuals Unlimited/Scientifica/Getty Images

As bactérias são seres vivos invisíveis a olho nu. Microscopia eletrônica colorizada. Ampliada em aproximadamente 3 500 vezes.

Alguns **vermes**, animais de corpo fino e alongado, também podem causar doenças nos seres humanos e em outros animais. Eles passam parte da vida no interior do corpo humano, aproveitando-se de nosso organismo para alimentarem-se, desenvolverem-se e reproduzirem. Os ovos desses vermes são eliminados com as fezes humanas e podem contaminar a água e o solo, que, por sua vez, contaminam frutas, verduras e animais.

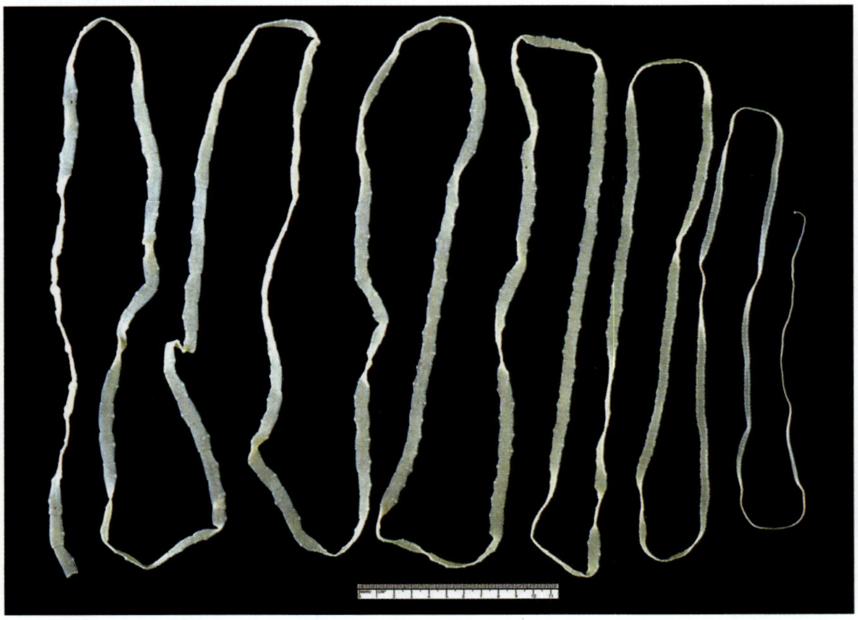

Science Source/Photo Researchers/Latinstock

A tênia é um verme que infecta seres humanos. Seus ovos podem ser encontrados na carne do boi.

Febre: aumento da temperatura do corpo.

Se os ovos são engolidos, os vermes podem nascer no interior do corpo humano. Em outros casos os ovos permanecem no ambiente e a larva originada deles pode penetrar na pele humana.

Veja no exemplo a seguir como as pessoas podem contrair a **ascaridíase**, doença causada pela lombriga.

Ciclo de vida do *Ascaris*, também conhecido como lombriga.

Para evitar a contaminação por verme, é importante adotar as seguintes medidas:

- as fezes humanas não devem ser usadas para adubar vegetais nem lançadas diretamente no solo ou na água;
- a água para consumo deve ser tratada, fervida e filtrada;
- deve haver higiene no preparo dos alimentos (particularmente de verduras) e as carnes não devem ser consumidas cruas;
- lavar as mãos depois de defecar e urinar e antes de comer;
- manter o alimento livre de insetos, pois eles podem carregar os ovos dos vermes;
- tratar as pessoas parasitadas para evitar a contaminação de outros.

É hora de saber mais

Leia o texto e, depois, responda às questões.

Zé Descalço

André Aguiar

[...] Embora sua família reclamasse, ele era muito teimoso e não tinha o menor hábito de higiene.

Por mais que sua mãe insistisse, ele não ficava calçado por muito tempo. Seus pés viviam sujos de tanto pisar sobre locais contaminados, poças d'água, fezes de animais etc.

E não era só isso...

Zé Descalço morria de preguiça de lavar as mãos antes de comer. Suas unhas eram escuras e compridas.

[...] bem cedinho, Dona Neusa pegou o danadinho e foi com ele ao posto médico.

O médico ficou abismado com o estado do pobre Zé. Conversou muito com a mãe, fez várias perguntas e examinou a criança, dos pés à cabeça.

– Olha, Dona Neusa, seu filho está muito descorado e deve também estar cheio de vermes! – disse o médico.

[...]

Leonardo Mendes. *Zé Descalço*. São Paulo: Editora do Brasil, 1988.

a) Como o personagem da história poderia ter se prevenido dos vermes?

____

____

b) Você já esteve doente? Como foi o tratamento?

____

____

Agora é com você

1 Complete a frase com as palavras abaixo.

doenças boa atendimento
atividades Saúde lazer

De acordo com a Organização Mundial da ____________ para ter saúde é preciso ter ____________ alimentação, praticar ____________ físicas e de ________________, ter acesso a ________________ médico e também estar livre de ________________.

2 Converse com a pessoa que é responsável por você e pergunte a ele(a) quais atitudes sua família tem para manter-se saudável. Escreva um pequeno texto contando o que você descobriu.

____

____

____

____

____

3 A gripe é uma doença causada por vírus. O vírus da gripe pode estar em pequenas gotas de saliva presentes no ar, nas mãos ou nos objetos. Quanto mais limpo estiver o ambiente e o nosso corpo, melhor.

a) Observe as ilustrações e circule aquelas que nos previnem da gripe.

Ilustrações: Vanessa Alexandre

b) Por que essas atitudes evitam a gripe?

____

____

____

____

____

____

4 Leia a história e responda às questões.

Ronaldo Barata

a) Por que Rodolfo ficou doente?

____

____

____

b) O que Rodolfo deveria ter feito para evitar a doença?

____

____

____

Bom papo com...

Marcio Atalla

Fabio Guinalz/Fotoarena

Marcio Atalla se formou em Educação Física e depois estudou para se tornar um especialista em nutrição. É engajado em estimular as pessoas a ter melhor qualidade de vida por meio das atividades físicas e da alimentação saudável. Foi apresentador de programas de TV, como *Bem Star* e o quadro "Medidinha certa". Neste último, orientava crianças a terem uma vida mais saudável.

1 Criança saudável é criança que come bastante ou é aquela que come bem pouquinho?

Nem uma coisa, nem outra. Criança saudável é aquela que come vários alimentos. Nessa fase da vida, é importante experimentar diversos alimentos, criar o hábito de comer frutas, legumes, verduras e ter uma alimentação variada e sem exageros na quantidade.

2 Crianças que se alimentam bem apresentam saúde melhor quando chegam à idade adulta?

Sem dúvida. A criança que se alimenta bem terá um organismo com melhor crescimento e desenvolvimento. Mas um grande ganho de quem se alimenta bem na infância é ter um bom padrão alimentar quando adulto. Ou seja, quem desde pequeno aprendeu a se alimentar corretamente continuará se alimentando bem quando adulto, o que é bastante importante.

3 Para manter a saúde, basta se alimentar de forma saudável ou atividade física é importante?

Com certeza. Não basta se alimentar bem, devemos incluir a atividade física em nossa vida desde a infância e essa prática tem de se estender por toda a vida, em qualquer idade. Nosso corpo só funciona bem se tiver movimento, isso é um fato comprovado cientificamente. O que pouca gente sabe é que um organismo com pouco movimento ou sedentário é um corpo potencialmente doente. Diversas funções só vão acontecer de maneira satisfatória quando se tem o mínimo de movimento diário.

Entrevista concedida especialmente para esta obra.

CAPÍTULO 2

Vacinas e saúde

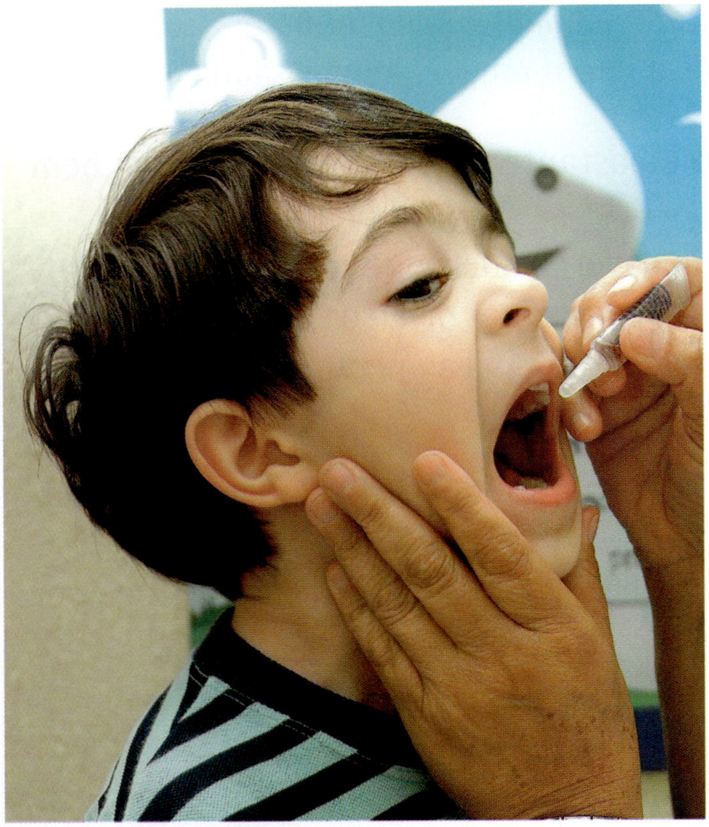

Fernando Favoretto/Criar Imagem

A vacina contra a poliomielite é aplicada na boca, em forma de gotinha.

Bate-bola

Você sabe por que é importante ser vacinado?

Mãos à obra

Conheça sua carteira de vacinação

1. Com a ajuda de um responsável, veja em sua carteira de vacinação, e anote à parte, quais vacinas você já tomou. Indique quais foram as primeiras e também as últimas.
2. Pesquise na biblioteca da escola ou na internet quais doenças são prevenidas por essas vacinas e apresente aos colegas o que encontrou.
3. Compare suas vacinas com as dos colegas e verifique se há alguma vacina que você devia ter tomado e ainda não tomou.

Vacinação

As vacinas deixam o organismo preparado para se defender de algumas doenças. Depois de tomar a vacina, o corpo produz defesas que protegerão o organismo contra a doença. As vacinas ajudam a defender o organismo de vírus e bactérias.

Veja como funciona:

Taís nunca teve sarampo. O sarampo é causado por um vírus.

Antes que a doença apareça, ela vai a um posto de vacinação para tomar uma vacina contra sarampo. (Ela não gosta da picadinha, mas é para o bem dela!)

Ilustrações: Ilustra Cartoon

Com a vacina, o corpo aprende a criar defesas contra o sarampo. Assim, mesmo se Taís tiver contato com o vírus do sarampo, ela não fica doente.

Do mesmo modo como age a vacina contra o sarampo, agem as vacinas contra muitas outras doenças.

Cada vacina protege de um ou vários tipos de doença. Por exemplo, se tomarmos vacina contra sarampo, ficamos protegidos dessa doença; se tomarmos a vacina tríplice viral, ficamos protegidos contra sarampo, caxumba e rubéola.

Infelizmente, não existe vacina para todas as doenças, mas é muito importante tomar vacinas.

A vacinação contra diversas doenças, assim como ter acesso a atendimento médico e a ambientes saudáveis, é um direito de todos os cidadãos que deve ser garantido por nossos governantes.

Quem deve tomar vacina?

Existe um calendário de vacinas para crianças, adolescentes, adultos e idosos. Esse calendário informa quais vacinas as pessoas devem tomar e quando isso deve ocorrer.

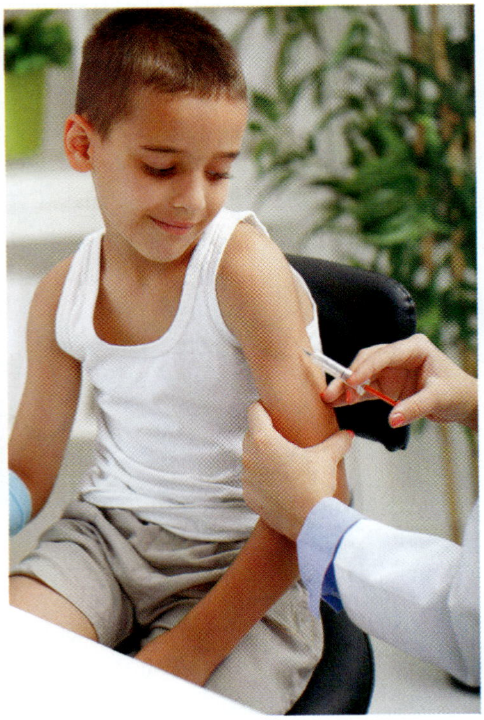
VP Photo Studio/Shutterstock

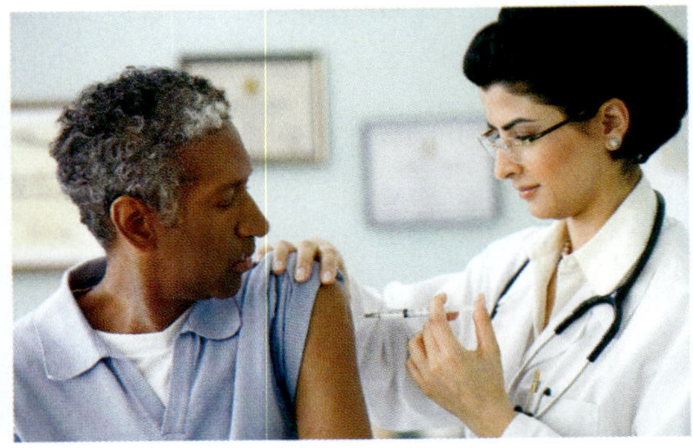
Blend Images/Alamy/Glow Images

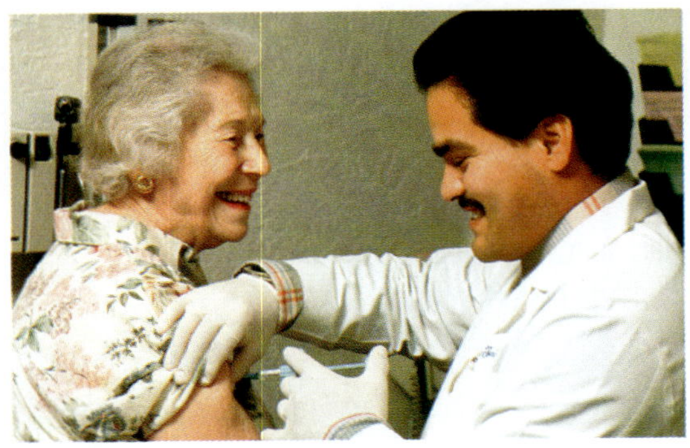
Ronnie Kaufman/Corbis/Latinstock

Na infância são tomadas as vacinas mais importantes, mas isso não significa que adultos e idosos não devam se vacinar.

Depois de tomar as vacinas é feito o registro da vacinação em um documento. Você sabe o nome desse documento?

É a **Carteira de Vacinação**. Lá estão registradas todas as vacinas e a data em que você as tomou. Por meio dela, o médico pode saber quais vacinas ainda faltam.

Como você pode notar, vacinas não são feitas somente para as crianças. Há vacinas que os adultos tomam. A vacina contra a febre amarela, por exemplo, precisa ser tomada a cada dez anos. As pessoas idosas devem tomar vacinas todos os anos contra a gripe. As mulheres que pretendem engravidar devem verificar se estão com as vacinas em dia.

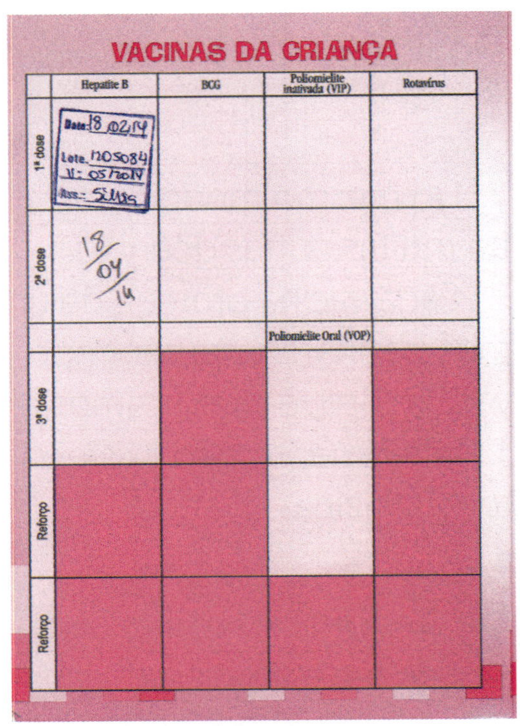

Luiz Alberto Jr./Laeti Images

Carteira de vacinação.

É hora de saber mais

A primeira vacina

Academia Nacional de Medicina, Paris/The Bridgeman Art Library/Getty Images

A pintura mostra o doutor Edward Jenner aplicando sua vacina no menino James Phipps, em 1796. Gaston Melingue, 1879. Óleo sobre tela, 46 × 61 cm.

O médico Edward Jenner é chamado de Pai da Vacinação. Tudo começou quando estudava a varíola, uma doença que causava muitas mortes. Existiam dois tipos de varíola: a **varíola bovina**, que afetava vacas e bois, e a **varíola humana**, que afetava os seres humanos.

Jenner percebeu que algumas mulheres que tiravam leite de vaca pegavam uma varíola enfraquecida e tornavam-se protegidas da varíola humana. Então ele resolveu fazer um experimento para comprovar se a varíola bovina ajudaria a proteger da varíola humana. Ele coletou um pouco do pus da ferida de uma mulher que tinha varíola bovina e aplicou em um menino sadio, chamado James Phipps. O menino ficou um pouco doente, mas logo melhorou.

Depois, Jenner aplicou no menino a varíola humana e verificou que o menino não ficou doente. Jenner então concluiu que a varíola bovina "ensinava" o corpo a se proteger da varíola humana.

Agora podemos entender por que a vacina recebe esse nome. A palavra vacina tem sua origem na palavra *vaccinus*, que em latim significa "vaca".

Agora é com você

1 Observe estas pessoas.

Quais delas precisam tomar vacinas? Marque com um X.

 ☐  ☐ 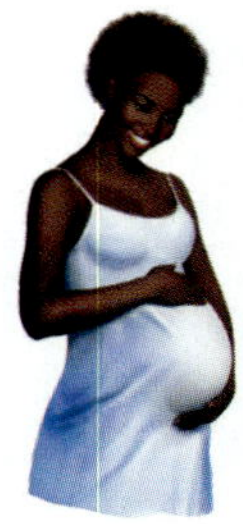 ☐  ☐

Ilustrações: Lígia Duque

2 Observe as duas situações a seguir e responda às questões.

> Leandro foi visitar seu amigo que está com rubéola, uma doença que passa de pessoa pra pessoa principalmente por meio da saliva. Leandro nunca teve essa doença nem foi vacinado contra ela.
>
> Vinícius também foi visitar uma prima que está com rubéola. Ele nunca teve essa doença, mas já foi vacinado contra ela.

Ilustrações: Ilustra Cartoon

a) Quem tem chances de pegar a doença, Leandro ou Vinícius?

____

b) Por que você chegou a essa conclusão? Explique.

____

____

____

3 Raimundo chegou em casa e teve o seguinte diálogo com seu pai:

- Você consegue ver alguma relação entre estes dois fatos: uma pessoa que já teve caxumba não volta a ter a doença e quem toma a vacina também não desenvolve a doença?

____

____

____

4 Responda às perguntas a seguir.

a) Você conhece o personagem representado na imagem ao lado? Qual é o nome dele?

____

b) Ele representa uma campanha de vacinação. Contra qual doença é essa campanha? Se precisar, pesquise na internet.

____

c) Imagine que sua cidade precisa fazer uma campanha para que os pais vacinem seus filhos. Escreva uma frase sobre a importância da vacinação para ser utilizada no cartaz do Zé Gotinha.

____

____

____

Ponto com

http://ponto.com

Para entender a vacinação de forma bem divertida, faça uma busca na internet usando os termos:

Turma da Mônica – vacinação é um gesto de amor

Leia as histórias que encontrar e depois responda às questões no caderno.

1. O que pode acontecer se não tomarmos vacinas?
2. Em qual idade as pessoas precisam tomar vacina?
3. Como as vacinas agem no organismo e evitam doenças?

Aprender brincando

Vamos brincar de faz de conta?

1. Reúnam-se em grupos de cincos alunos. Pesquisem doenças que possam ser evitadas com vacinas.
2. Cada grupo deve montar e encenar uma peça de teatro que conte a história de uma criança que não tomou vacina e ficou doente, enquanto as crianças que tomaram vacina ficaram saudáveis.

   Defina quem serão os personagens da peça.

   Sugestão de personagens: criança, pais, médico e vírus.

Ronaldo Barata

Cantinho de sugestões

Livros

Editora Rovelle

Dia de vacina, de Sandra Ronca. Rio de Janeiro: Editora Rovelle, 2013. O livro conta a história de uma menina que nunca reclamava de tomar vacinas, até acontecer algo inesperado.

Editora Ática

Higiene e saúde, de Mike Goldsmith. Barueri: Editora Girassol, 2010 (Coleção Vamos Saber Mais Sobre...). Conheça os diferentes cuidados com a higiene para manter uma vida saudável.

Editora Ática

Seu corpo: como cuidar dele? – O que fazer para respeitar sua saúde, de Fernanda Wendel. São Paulo: Editora Ática, 2009. Conheça os personagens Babi, que quer ficar magra; Renato, que come compulsivamente; Matias, que sonha em se tornar fortão; e Tatiana, que queria deixar de ser magra e aprenda a cuidar de sua saúde.

Relembrando o que estudei

- Para uma pessoa ter saúde ela precisa estar livre de doenças e também estar em completo bem-estar físico, mental e social.
- As doenças podem ser causadas por microrganismos e vermes que estão no ambiente.
- Para evitar doenças é importante ter uma boa alimentação, hábitos de higiene, praticar atividades físicas e conviver com amigos e familiares.
- As vacinas ajudam a proteger o organismo de várias doenças.
- Um organismo que recebeu vacinas cria defesas contra microrganismos prejudiciais.

UNIDADE

3 Cuidados com os alimentos e a alimentação

É hora de trocar ideias

1. O que você mais gosta de comer?
2. É possível comer sempre aquilo de que mais gostamos?
3. De onde vêm os produtos que comemos?
4. Os bebês têm a mesma alimentação que os adultos? Por quê?

CAPÍTULO 1

De onde vêm os alimentos?

Observe as imagens a seguir. Margarida compra no supermercado a maioria dos alimentos de que sua família necessita. Já Matilde planta e colhe alguns dos produtos que alimentam sua família.

Dotta

Ariel Skelley/Blend Images/Latinstock

Bate-bola

Quais são as diferenças entre as duas formas de obter alimentos?

Mãos à obra

1 Coletando dados

Sua família produz os alimentos que consome ou compra esses alimentos?

Preencha a tabela a seguir com a origem dos alimentos presentes em uma refeição feita em sua casa.

Alimento	Vegetal ou animal?	Fresco ou embalado?

Se sua família compra os alimentos, vá um dia desta semana com alguém da casa às compras. Faça anotações e produza uma tabela como o modelo a seguir.

Alimento comprado	Onde compramos	Quem consome
cebola	na feira	minha mãe, meu pai e meu irmão

Traga seus dados para a sala de aula e compare sua tabela com a dos colegas.

2 Pesquisa na internet

Em dupla, entrem no *site* indicado pelo professor e observem as opções de receitas. Depois, preencham a tabela a seguir com os dados coletados.

Nome da receita	Há vegetais? Quais?	Há carne? Qual?

Analisem as tabelas e respondam às questões.

a) Os ingredientes presentes em sua tabela são feitos de seres vivos?

____

____

b) Esses alimentos têm origem animal, vegetal ou ambos?

____

____

De onde vem o que comemos?

Antigamente as pessoas coletavam seu alimento no ambiente. Com o tempo passaram a produzir esse alimento plantando os vegetais e criando animais. Atualmente a maioria das pessoas vive em áreas urbanas e precisa comprar os bens alimentícios.

Seja como for, todos os dias precisamos nos alimentar, e você já deve ter percebido que, de manhã até à noite, ingerimos alimentos de diferentes tipos. Sejam eles da horta no fundo do quintal, sejam comprados no supermercado, tudo que os seres humanos comem é retirado da natureza e, por isso, esses alimentos podem ser classificados de acordo com sua origem.

Alimentos de origem vegetal – são os alimentos que se originam de plantas, como frutas, verduras, legumes e grãos.

Alimentos de origem animal – originam-se de animais, por exemplo, carne, ovos, leite e aqueles que são feitos do leite, como iogurte, manteiga e queijo.

Alimentos de origem mineral – vêm de elementos não vivos, como a água e o sal.

Berinjela, maçã, abobrinha, cenoura, mamão, laranja, banana, alface, milho e feijão são alimentos de origem vegetal.

Fotos: Edson Antunes

Além das carnes, o queijo, o ovo e o leite são alimentos de origem animal.

Água e sal têm origem mineral.

Chamamos de alimentos industrializados os diversos alimentos que passam por transformações nas fábricas antes de chegar à mesa, como a salsicha que cozinhamos e os biscoitos que compramos nos mercados.

Os alimentos e seus nutrientes

Você sabia que para correr, estudar ou até mesmo crescer precisamos de energia? De onde tiramos essa energia?

Os alimentos de origem vegetal, animal e mineral apresentam elementos chamados de **nutrientes**. Os nutrientes são necessários para que o organismo possa realizar suas inúmeras funções.

Os nutrientes estão na comida que comemos, mas não são visíveis a olho nu. Há vários tipos de nutrientes. Por exemplo, existem aqueles que fazem crescer os ossos, outros que ajudam a defender o corpo de doenças e os que fornecem energia para o corpo.

A energia é necessária para que os seres vivos possam realizar suas funções e atividades. Os seres humanos precisam de energia diariamente para praticar atividades como brincar, nadar, estudar, trabalhar e também para realizar funções como respirar, crescer e se reproduzir.

Chris Stein/Digital Vision/Getty Images

O leite é um alimento rico em nutrientes, especialmente cálcio, fundamental à saúde dos ossos.

Biddiboo/Stockbyte/Getty Images

A laranja é uma fruta rica em vitamina C, um nutriente muito importante para o combate de diversas doenças, como resfriados e gripes.

Quanto mais diversificada for nossa alimentação, melhor para nossa saúde. Portanto, um prato bem colorido costuma ser muito mais nutritivo que um prato com poucas cores. Pense nisso!

Cada nutriente é de um jeito

Os nutrientes são diferentes. Por serem diferentes, eles podem ser separados em grupos: carboidratos, proteínas, lipídios, vitaminas e minerais.

Carboidratos

Os carboidratos são considerados **nutrientes energéticos**, pois fornecem energia para o organismo.

Observe na imagem a seguir alguns exemplos de alimentos ricos em carboidratos.

Fotos: Edson Antunes

Pão, macarrão, batata, mandioca, pipoca, farinha de trigo e açúcar são alimentos repletos de carboidratos.

Proteínas

As proteínas são chamadas de **nutrientes estruturais**, pois ajudam o corpo a crescer. Elas são muito importantes na alimentação de todas as pessoas, principalmente crianças e adolescentes.

A imagem a seguir apresenta alguns alimentos ricos em proteína.

Feijão, carnes, ovo, queijo e leite são alimentos ricos em proteína.

Lipídios

Vários tipos de óleo, como óleo de soja, de girassol e de dendê, entre outros, apresentam lipídios. Manteigas, margarinas e alimentos gordurosos também.

Assim como os carboidratos, os lipídios fornecem energia ao organismo. Eles são conhecidos popularmente como gorduras e estão presentes em carnes e frituras.

Observe na imagem a seguir alguns exemplos de alimentos ricos em lipídios.

Margarina, óleo de soja e óleo de dendê.

Sais minerais e vitaminas

Esses nutrientes são importantes para a construção dos ossos, formação do sangue, defesa do corpo contra doenças e muitas outras funções que garantem o bom funcionamento do organismo. Por essa razão são chamados de **nutrientes reguladores**.

Estão presentes no leite, nas frutas, verduras, grãos, carnes etc., ou seja, em muitos dos alimentos citados anteriormente. Veja alguns exemplos na imagem.

Edson Antunes

Berinjela, caju, tomate, banana, uva, maçã, cebola, alho, alface e laranja (presente no suco) são ricos em vitaminas e sais minerais.

David Atkinson/Tetra images/Getty Images

Não! O principal nutriente do macarrão é o carboidrato, mas nele também existem proteínas e vitaminas, por exemplo. E assim é com a maioria dos alimentos: eles têm mais de um nutriente, mas quase sempre apresentam um que é o principal.

Agora é com você

1 Leia a poesia a seguir e faça o que se pede.

Ordenhava a malhada
Pra servir leite purinho
Ou então para fazer mingau
Que engrossava lentamente
Mexendo a colher de pau.
[...]
E o Zeca bem ligeirinho
Saía para encilhar cavalo
O cavalo pé de vento
Pra na cidade levar
Verduras fresquinhas, ovos,
Queijo, manteiga, melado,
Que excederam a produção
Pra vender no mercado.

Márcia Glória Dominguez. *A Fazenda Bem-te-vi*. São Paulo: Editora do Brasil, 2008.

a) Quais das palavras sublinhadas podem ser classificadas como alimento de origem vegetal? Por quê?

____

b) Quais palavras sublinhadas têm origem animal?

____

2 Observe a fala de Bruna e responda às questões.

a) Por que a mãe de Bruna diz que ela não pode só comer macarrão?

____
____
____
____

Saulo Nunes Marques

b) O que você recomendaria a Bruna para que ela cresça de maneira saudável?

____
____

3 Recorte o **dominó dos alimentos** nos encartes das páginas 177 e 179 e divirta-se com seus colegas.

4 Observe as ilustrações e responda às questões.

Ilustrações: Hélio Senatore

a) Qual é a origem de cada um dos alimentos acima?

____

b) Qual é o principal nutriente de cada um dos alimentos mostrados?

____

5 O gráfico a seguir apresenta a proporção de nutrientes presentes na batata-doce. Observe-o e responda às questões.

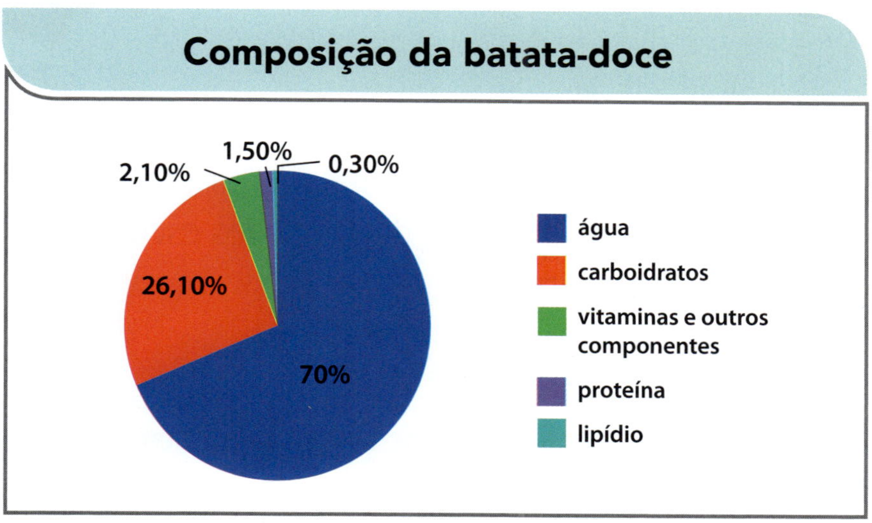

Arquivo da editora

Fonte: Embrapa. Disponível em: <http://sistemasdeproducao.cnptia.embrapa.br/FontesHTML/Batata-doce/Batata-doce_Ipomoea_batatas/composicao_uso.html>. Acesso em: ago. 2014.

a) Esse alimento apresenta somente um tipo de nutriente?

____

b) Depois da água, qual componente está presente em maior quantidade nesse alimento? Os outros, por estarem em menor quantidade, deixam de ser importantes?

____

CAPÍTULO 2

Alimentação saudável e equilibrada

Viktor1/Shutterstock

Gabriel Blaj/Dreamstime.com

Bate-bola

Se você tivesse de escolher uma sobremesa saudável para comer depois do almoço, qual das duas opções escolheria: as frutas ou o *mousse* de chocolate?

Mãos à obra

Vamos fazer uma sobremesa saborosa?

Cada grupo deve trazer uma fruta diferente – banana, mamão, maçã e morango são ótimas opções! Alguém deve levar uma laranja. Após vocês lavarem bem as frutas, o professor as descascará e cortará em pedaços. Coloquem-na em uma travessa, espremam uma laranja e despejem sobre as frutas, mexendo para misturá-las. Pronto. Agora é só saborear essa deliciosa receita.

Enquanto você saboreia, observe o que ocorre com o alimento quando você o mastiga.

O que é uma dieta saudável?

Os alimentos fornecem os nutrientes necessários para o desenvolvimento do corpo, proteção contra doenças e realização de atividades e funções do organismo.

Ter uma boa dieta, ou seja, uma alimentação saudável, significa variar os alimentos que consumimos, comer doces e gorduras com moderação, fazer pelo menos três refeições diárias e ingerir bastante água.

Maria Chavdarova Mavrona/Alamy/Other Images

Não há hora certa para beber água. Beba sempre!

Observe as principais refeições.

- O café da manhã é uma refeição muito importante, pois o corpo humano, durante o período de sono, fica muitas horas sem receber alimento. Assim, essa refeição fornece a energia necessária ao organismo para a realização das atividades diárias.
- Depois vem o almoço, que deve conter uma variedade de tipos de alimento. Uma dica é ter uma alimentação bem colorida, pois alimentos de cores diferentes costumam ter nutrientes diferentes.
- Por último, vem o jantar. O ideal é ingerir alimentos leves, e fazê-lo cerca de duas horas antes do horário de se deitar para dormir.

Nos intervalos entre uma e outra refeição, é recomendável comer frutas, castanhas e iogurtes, além de beber bastante água.

Ao comer ao menos uma fruta de manhã, garantimos vitaminas e o bom funcionamento do organismo.

Fotos: Dotta

Um prato de arroz, feijão, carne e salada é uma refeição balanceada.

Evitando os alimentos menos saudáveis

Sim, é verdade: doces, refrigerantes e frituras podem ser bem gostosos; mas se comermos esses alimentos com muita frequência eles nos causam mais mal do que bem. Eles têm grande quantidade de açúcar, gorduras e sal, o que não é bom.

Esses componentes dificultam o funcionamento do organismo humano. Eles estão presentes em guloseimas, como balas, chocolates, refrigerantes, salgadinhos, batatas fritas, hambúrgueres etc.

Alimentos como sanduíche e batata frita, acompanhado de refrigerante, devem ser consumidos sem excessos, apenas nos finais de semana, por exemplo.

Michael Neelon/Alamy/Glow Images

Cada refeição deve ter o máximo de nutrientes necessários ao bom funcionamento do organismo.

Mastigando tudo muito bem

A mastigação dos alimentos também auxilia a ter uma alimentação saudável. Ao mastigar bem o que comemos, ajudamos o organismo a absorver os nutrientes de cada alimento. Os dentes auxiliam a **triturar** os alimentos para que possam ser engolidos e **digeridos** com mais facilidade.

Fernando Favoretto

Triturar: moer, quebrar.
Digerido: no caso, alimento transformado em partes menores que possam ser absorvidas pelo organismo.

Um bom prato de comida

Além de evitar certos alimentos, é muito importante saber quais devemos priorizar. Alimentos gordurosos ou açucarados têm poucos nutrientes e, por isso, devem ser evitados.

Pensando nisso, alguns pesquisadores criaram o **prato saudável**. Esse prato sugere a quantidade de cada alimento que deve ser ingerida diariamente. Veja o modelo.

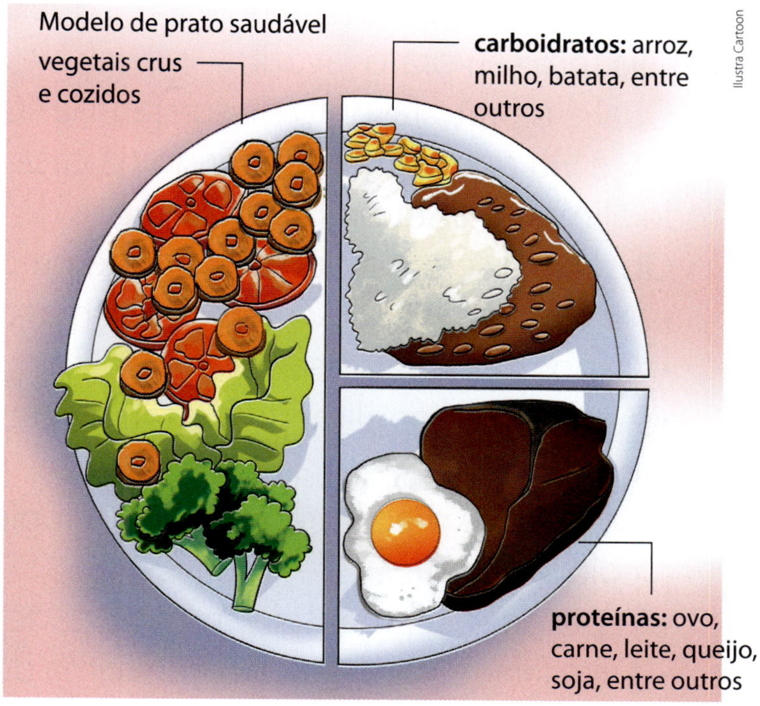

Observe que metade do prato é composto por alimentos ricos em vitaminas e sais minerais como as verduras, e os legumes. A outra metade é dividida entre alimentos ricos em carboidratos, como o arroz e o feijão, e proteínas, encontradas no ovo e na carne.

Fonte: *Prato de Alimentação Saudável* (Healthy Eating Plate). Disponível em: <www.hsph.harvard.edu/nutritionsource/healthy-eating-plate >. Acesso em: ago. 2014.

Turma Conectada

Cuidados com o preparo e a conservação de alimentos

Observando seu cotidiano e a tira que acabou de ler, você já reparou que cada família tem seu prato favorito?

Qual é o prato favorito de sua família? Converse com os colegas e o professor.

Você viu que o prato preferido na casa de Edilene é o vatapá. O vatapá, como todo alimento a ser preparado, precisa de vários cuidados.

Observe a seguir algumas dicas de preparo dos pratos.

- As crianças não devem se aproximar do fogão quando estiver ligado.
- Cabos de panela devem sempre ficar virados para dentro do fogão.
- Ao preparar os alimentos, as mãos devem estar lavadas e as unhas curtas e limpas.
- Também é preciso retirar anéis, relógios ou pulseiras, prender os cabelos e colocar avental.
- A pia deve ser mantida limpa, livre de restos de alimentos.
- Evite falar, tossir ou espirrar em cima dos alimentos que estão sendo preparados.
- Utensílios de madeira devem ser evitados, pois são mais difíceis de higienizar.

Edson Antunes

Os cabos das panelas virados para dentro evitam que pessoas esbarrem neles e causem acidentes.

Dotta

Observe na imagem que a mulher está sem anéis e pulseiras, e seu cabelo está preso. Além disso, ela usa avental. A pia está limpa e ela usa uma tábua de material fácil de limpar.

Veja agora algumas dicas de conservação dos alimentos.

- Mantenha os alimentos longe de insetos e outros animais.

A tela impede o contato de insetos com o bolo.

- Os alimentos perecíveis, que estragam com mais rapidez, devem ser resfriados ou congelados.
- Ao descongelar alimentos é preciso transferi-los do congelador para a geladeira para que não percam os nutrientes.
- Não guarde sobras de alimentos dentro de panelas. O correto é colocá-las em recipientes de vidro ou plástico com tampa ou cobertas com um filme plástico transparente.

Fotos: Dotta

Sobras de alimento devem ser guardadas na geladeira, dentro de recipiente de vidro e cobertas.

Ao tirar um alimento do congelador, deixe-o descongelando na geladeira.

Agora é com você

1 Observe as situações a seguir:

Ilustrações: Vanessa Alexandre

a) Qual das duas crianças tem uma alimentação equilibrada e saudável: a menina ou o menino? Por quê?

____

____

____

b) Qual conselho você daria para o menino?

____

____

____

____

2 Fernanda, quando come macarrão, não o mastiga muito bem, afinal o macarrão é tão molinho que nem requer tanto trabalho. Fernanda está certa? Por que é importante mastigar bem os alimentos?

____

____

3 Leia o texto a seguir e responda às questões.

Escolas são desafiadas a oferecerem lanches menos calóricos

Foi lançado esta semana, em Porto Alegre, o "Manual das Cantinas Escolares Saudáveis: promovendo a alimentação saudável".

A intenção é incentivar as escolas particulares de todo o Brasil a montarem cardápio menos **calórico** e mais nutritivo. A mudança pode colaborar para a diminuição dos índices de obesidade infantil no país.

[...]

Calórico: alimento que fornece bastante energia para o corpo. Esses alimentos devem ser consumidos na quantidade certa, sem exageros.

Disponível em: <www1.folha.uol.com.br/folhinha/1150183-escolas-sao-desafiadas-a-oferecerem-lanches-menos-caloricos.shtml>. Acesso em: ago. 2014.

a) Por que é importante controlar o consumo de alimentos não saudáveis na escola?

____

____

b) O que você come no lanche da escola? Você come alimentos saudáveis?

____

c) Pesquise o significado de **obesidade** e escreva suas causas e consequências.

____

____

____

____

____

d) Uma maneira muito eficiente de melhorar o hábito alimentar é não deixar o saleiro sobre a mesa enquanto fazemos a refeição. Explique por quê.

____

____

____

Aprender brincando

Jogo dos seis erros

1 Observe a ilustração e encontre seis erros que não podemos cometer ao preparar os alimentos.

Descreva cada erro encontrado.

2 Recorte os alimentos do encarte da página 181 e monte o seu prato saudável na página 183. Faça as combinações sugeridas na página 67.

Cantinho de sugestões

Livros

Editora Paulus

- *Alimentos bons e certos*, de Mario Gomboli. São Paulo: Editora Paulus, 2002. Lobinho e Porquinho comem sem regras, às vezes exageradamente, às vezes muito pouco, de modo errado.

Meira Souza

- *O reino encantado dos alimentos*, de Meira Souza. São Paulo: Editora Metha, 2010. Esse livro traz de forma encantadora a importância da boa alimentação.

DVD

Gravadora MCD

- *Palavra Cantada – 10 anos*, Palavra Cantada. MCD, 2004. Ouça às canções "Sopa", "Pomar" e "Fome come", que tratam de maneira divertida os alimentos e nossa alimentação.

Relembrando o que estudei

- Os alimentos podem ser classificados de acordo com a origem, que pode ser: vegetal, animal ou mineral.
- Os nutrientes dos alimentos são classificados em proteínas, lipídios, carboidratos, vitaminas e sais minerais.
- Uma dieta saudável deve ser equilibrada e variada.
- Alimentos com muito sal, açúcar e gordura devem ser consumidos de maneira moderada, ou seja, sem exageros.
- Os alimentos devem ser conservados adequadamente. Alguns requerem refrigeração.
- É importante ter cuidados de higiene na preparação e conservação dos alimentos.

UNIDADE

4

Água, ar, solo e a vida na Terra

É hora de trocar ideias

1. Em quais situações os seres vivos estão utilizando água?
2. Você poderia citar outras situações em que os seres vivos precisam da água?
3. O ar é importante para os seres vivos? Por quê?
4. Qual é a importância do solo para os seres vivos?

CAPÍTULO

1 Água, fonte de vida para os seres vivos

Gothard Hunor/Dreamstime.com

Stefanov764/Dreamstime.com

Tobi Corney/Stone/Getty Images

Bate-bola Você acha que, assim como os humanos, os outros animais e as plantas precisam de água?

A importância da água

Procure, em revistas, em jornais ou na internet, uma figura que mostre a importância da água na vida dos seres vivos e cole-a em uma folha de papel.

Crie um título para seu trabalho e descreva-o aos colegas e ao professor, explicando por que escolheu essa imagem.

Saulo Nunes Marques

Água, dona da vida

Todos os seres vivos, incluindo nós, seres humanos, dependemos de elementos não vivos da natureza, por exemplo: a água, o ar e as rochas.

Juntos, os elementos não vivos possibilitam que os seres vivos existam. Entre os elementos não vivos, um dos mais importantes é a água.

As várias substâncias que existem nos organismos são transportadas para todas as partes pela água. Isso vale tanto para os seres humanos e outros animais quanto para os vegetais.

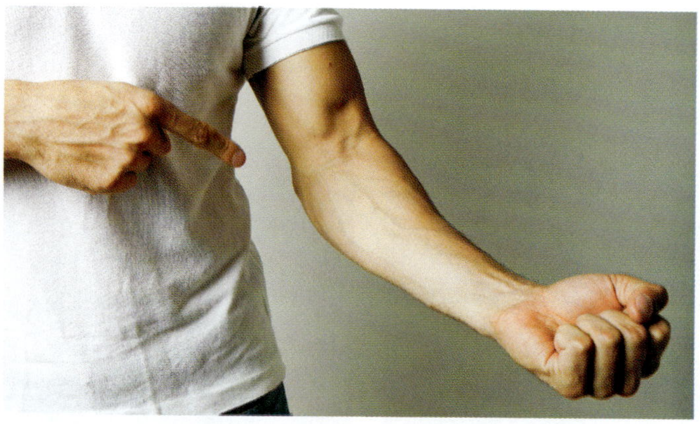

Dotta

Os vasos, dentro do corpo humano, estão cheios de sangue. O sangue é formado por água e outras substâncias.

Fernando Favoretto

Nos vasos que vemos nas folhas dos vegetais há líquidos nutritivos formados por água entre outros nutrientes.

E você sabe por que sente sede? A sensação de sede é provocada quando a quantidade de água no corpo começa a diminuir. Nós ingerimos água continuamente, mas também a perdemos no mesmo ritmo pela respiração, pelas lágrimas, pelo suor e pela urina.

Fernando Favoretto/Criar Imagem

Já observou que, ao soltar o ar diante de um espelho, ele embaça? Essa umidade é a água que sai do corpo quando respiramos.

É hora de Experimentar

Como as plantas perdem água?

Material:

- 1 saco plástico transparente;
- 1 planta em um vaso;
- fita adesiva;
- água.

Como fazer

Fotos: Edson Antunes

1. Ponha a água aos poucos no vaso e espere até que ela seja absorvida pela terra. Depois, envolva a planta ou parte dela com o saco plástico transparente e prenda-o ao caule, próximo à terra, com fita adesiva.
2. Deixe a planta em local que receba bastante luz do Sol por duas horas.
3. Escreva a seguir sua hipótese sobre o que ocorrerá com o plástico depois de duas horas.

____

____

Registrando

Agora faça um desenho para mostrar o que ocorreu com o experimento depois de duas horas.

Responda às questões a seguir e depois discuta suas respostas com o professor e os colegas.

a) Que mudanças você observou no plástico ao redor da planta?

b) Porque o resultado da experiência foi esse?

c) Sua hipótese estava correta? Por quê?

A transpiração das plantas

Os vegetais também perdem água pelo processo de transpiração e respiração. Na transpiração e na respiração, a água sai em forma de vapor.

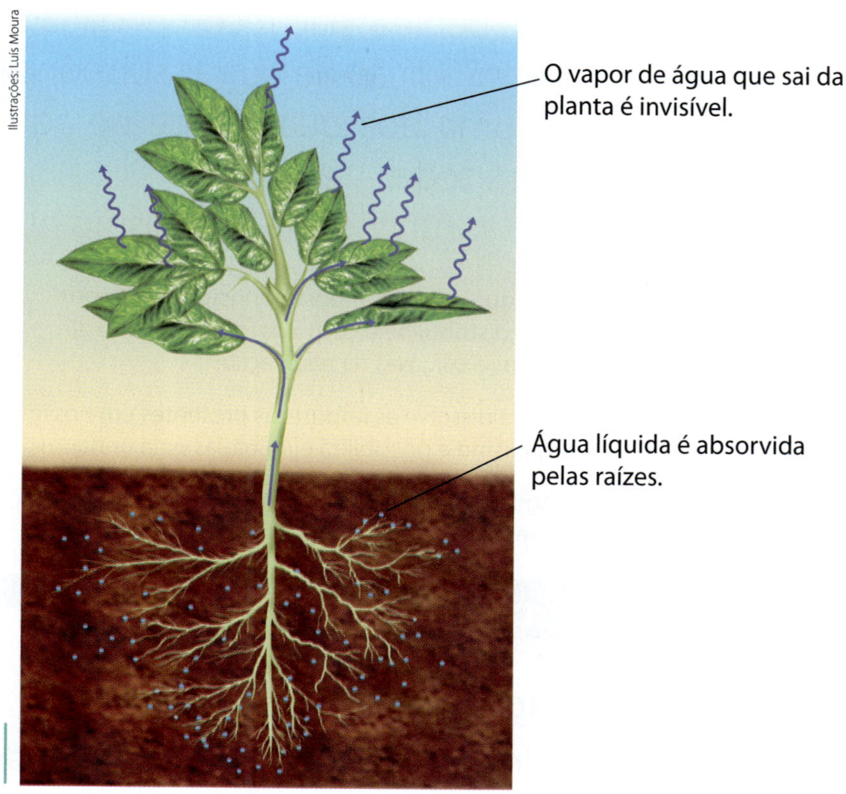

Esquema simplificado de transpiração e respiração dos vegetais.

Para continuarem saudáveis, os seres vivos precisam repor a quantidade de água perdida. As plantas repõem a água perdida absorvendo água pelas raízes. Já os animais podem beber água.

A água é encontrada em diversos alimentos; por exemplo, nas frutas.

Veja a quantidade de água em algumas frutas e verduras:

Em uma mesma quantidade dos alimentos acima, encontramos mais água na alface, em seguida no abacaxi e, por último, na banana.

Na hora da sede eu bebo...

Água! Sim, esta é a bebida mais recomendada para matar a sede. Não tem cheiro, não tem gosto nem adição de outras substâncias, como açúcares.

Devemos beber uma boa quantidade de água todos os dias, e não apenas quando estamos com sede.

A água tem diversas funções no organismo humano. Observe:

- O sangue, que é composto principalmente por água, distribui pelo corpo os nutrientes dos alimentos e os gases da respiração.
- A água dissolve as impurezas presentes em nosso organismo e possibilita eliminá-las pela urina.
- A água compõe o suor, e o suor ajuda a diminuir a temperatura do corpo.

Ronaldo Barata

Agora é com você

O que é estiagem?

No Brasil e no mundo existem locais que passam por longos períodos de estiagem, ou seja, seca. Em certas regiões do Norte e do Nordeste do país as pessoas chegam a caminhar de 5 a 15 quilômetros para conseguir água ou então dependem dos caminhões pipa, que transportam água para os locais mais prejudicados.

Mas a seca não aflige apenas os estados ao norte e nordeste do Brasil. Veja o trecho de reportagem a seguir.

Delfim Martins/Pulsar Imagens

Mulher e rapaz transportando água em vilarejo do município de Verdejante, Pernambuco, 2012.

> O estado de São Paulo vive a pior crise de abastecimento de água de sua história, atingindo 17 milhões de pessoas nas regiões metropolitanas da capital e de Campinas.
>
> Disponível em: <http://oglobo.globo.com/brasil/em-sao-paulo-maior-crise-de-abastecimento-da-historia-13317475>. Acesso em: ago. 2014.

Diante desse fato, pesquise três regiões do mundo que também sofrem com a seca e a maneira pela qual as pessoas contornam essa situação e conseguem sobreviver.

Como usamos a água?

Além de beber água para se manterem hidratados, seres humanos e outros animais a utilizam para fazer higiene, refrescar o corpo e praticar esportes, entre outras situações.

Nalukai/Dreamstime.com

Rafal Strzechowski/Agencia Free/Easypix Brasil

Cia de foto/Latinstock

A sociedade sempre aproveitou a água em outras atividades, como para mover máquinas, irrigar plantações e gerar energia elétrica.

Luciana Whitaker/Pulsar Imagens

Uso da água para regar plantação de couve, em Sumidouro, Rio de Janeiro, 2014.

Reinaldo Canato/Folhapress

Usina de geração de energia elétrica a partir da água na divisa entre os estados de São Paulo e Minas Gerais, 2010.

Agora é com você

1 Qual destas duas crianças sentirá mais sede? Marque com um **X** e explique sua resposta.

Dotta

Juerco Boerner/Picture Pres/Getty Images

____

____

2 Observe a imagem a seguir e escreva **V** para verdadeiro ou **F** para falso em cada alternativa. Depois, corrija o que está errado nas alternativas falsas.

Luís Moura

( ) Mesmo exposta ao Sol, se a planta tivesse recebido água, provavelmente, ela não estaria murcha.

____

( ) As plantas perdem água somente pela respiração.

____

( ) As plantas absorvem água pelas folhas.

____

3 De que forma os seres humanos podem perder água?

____

____

____

4 Alguns seres vivos necessitam de mais água do que outros. O rato-canguru, por exemplo, vive no deserto e o mais interessante é que ele não bebe água. Mas não fica sem se hidratar, pois absorve água dos alimentos e seu organismo elimina pouca água; ele não transpira e faz pouco xixi.

Tim Graham/Robert Harding/Latinstock

O rato-canguru tem esse nome porque se locomove saltando.

a) O corpo do rato-canguru não precisa de água?

____

b) De que modo o rato-canguru obtém água?

____

c) Você acha que há alguma relação entre o fato de o organismo do rato-canguru perder pouca água e ele viver em um local onde o clima é de deserto?

____

5 A água é essencial para os seres humanos.

a) Componha uma legenda para cada imagem a seguir relacionando-a a alguma função da hidratação.

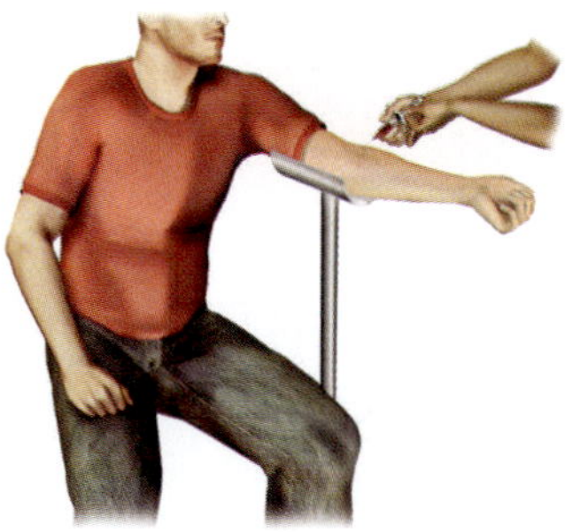

Ilustrações: Ligia Duque

______________	______________	______________
______________	______________	______________
______________	______________	______________

b) Observe as imagens a seguir e indique aquelas em que a água está sendo utilizada em atividades diferentes das mencionadas no item anterior.

Artur Keunecke/Pulsar Imagens

Fabio Colombini

Image Source/Latinstock

6 Apesar de nosso planeta se chamar Terra, a maior parte dele é ocupada por água. No entanto, de toda essa água, apenas uma pequena parte está disponível para consumo. A maior parte da água do planeta é salgada e está nos oceanos, e outra grande parte está congelada na forma de geleiras. A chamada água doce, que podemos consumir, é a menor parte e está nos rios e embaixo do solo.

Observe o gráfico:

Disponibilidade de água no planeta

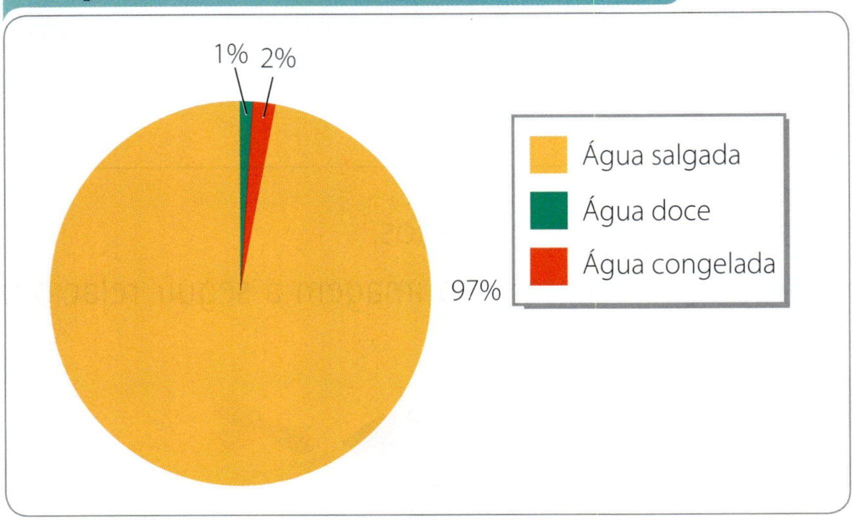

Paula Radi

Fonte: <www.cetesb.sp.gov.br/Solo/agua_sub/imagens/grafico1.gif>. Acesso em: set 2014.

a) Qual cor do gráfico representa a água de mares e oceanos?

____

b) Qual cor representa a água consumível?

____

Aprender brincando

Vamos criar um teatro de fantoches?

Em grupo, elaborem uma continuação para a história a seguir.

> Era uma vez uma pequena cidade cortada por um rio. Os moradores de um lado tiveram a ideia de construir uma grande indústria.
>
> Essa indústria trará muitas riquezas, mas também poluirá a água do rio. Os moradores do outro lado do rio são contrários a esse projeto.

E agora, o que vai acontecer?

____

____

____

____

Edson Antunes

A imaginação é o elemento mais importante na diversão.

Para encenar a história, criem um fantoche. Há diversas maneiras de fazer fantoches com materiais que descartamos, como garrafas PET, meias velhas e até mesmo um caroço de manga, como este na figura.

CAPÍTULO

2 O ar ao nosso redor

Rodrigo Belato

Bate-bola Você acha que os seres vivos dependem do ar?

O ar em nossa vida

Os seres vivos dependem do ar, pois ele é importante para a respiração.

A respiração do ser humano acontece sem que ele pense nisso. As pessoas podem até prender a respiração por alguns instantes, mas não conseguem ficar sem ar por muito tempo.

É recomendável que o ar que respiramos entre pelas narinas. Isso porque no nariz há pelos que seguram algumas impurezas do ambiente. Além disso, quando o ar entra pelo nariz e passa pelas **vias respiratórias**, ele aquece, evitando problemas nessa região.

Depois de entrar pelas narinas o ar é levado para os pulmões. Em seguida o pulmão libera ar. O ar que entra é diferente do ar que sai.

Dois gases participam de nossa respiração: o **gás oxigênio** e o **gás carbônico**. O gás oxigênio é o que nosso corpo aproveita. O gás carbônico é produzido e liberado no ambiente. Como todo gás, eles são invisíveis.

Tanto o gás oxigênio quanto o gás carbônico podem ser representados por símbolos.

Gás oxigênio: O_2
Gás carbônico: CO_2

O gás oxigênio entra no corpo quando ocorre a **inspiração**. O gás carbônico sai do corpo quando ocorre a **expiração**.

Observe em que momentos ocorrem a inspiração e a expiração durante o processo de respiração:

Ilustrações: Paulo César Pereira

Inspiração: entrada de ar no corpo. Obtenção de oxigênio.

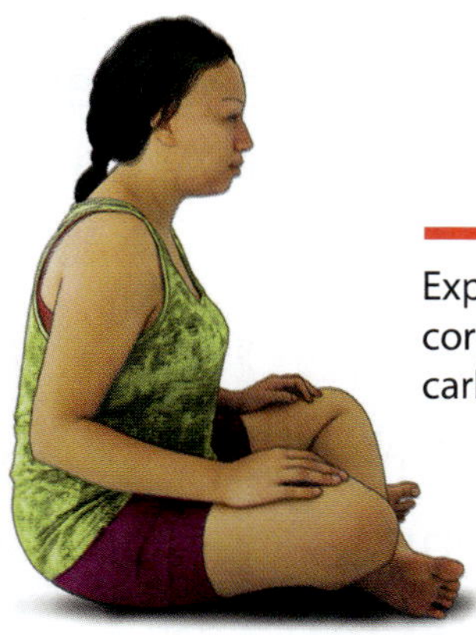

Expiração: saída de ar do corpo. Eliminação de gás carbônico.

Outros seres vivos e o ar

Você viu que os seres humanos utilizam o gás oxigênio do ar para respirar. No entanto, muitos outros animais respiram oxigênio. Veja alguns exemplos.

Dave Head/Shutterstock

Artur Keunecke/Pulsar Imagens

Andygaylor/Dreamstime.com

Lukas Blazek/Dreamstime.com

E alguns animais obtêm gás oxigênio de forma bem diferente da dos seres humanos. Os peixes, por exemplo, retiram o gás oxigênio da água. Já os sapos conseguem obter esse gás através de sua pele, que é muito fina.

Nature PL/Easypix Brasil

As brânquias dos peixes absorvem o gás oxigênio presente na água.

Luciano Candisani/Minden Pictures/Latinstock

A pele fina e úmida dos sapos possibilita a passagem de gases do ambiente para dentro do organismo e vice-versa.

Assim como os animais, os vegetais também respiram, obtendo gás oxigênio e liberando gás carbônico. Tudo isso ocorre através de suas folhas.

O ar e as máquinas

O vento é o ar em movimento. Sabendo disso, desde muito tempo os seres humanos utilizam o vento para movimentar máquinas, como é o caso das **caravelas** e dos **moinhos de vento**. Esses são exemplos de como as pessoas empregam recursos da natureza em seu benefício.

O vento pode ser aproveitado para a geração de energia elétrica. É uma fonte de energia limpa, pois não libera fumaça ou resíduos tóxicos. O vento faz as pás de grandes cata-ventos girarem e, assim, geram energia.

Ao estudar o voo das aves, foi possível ao ser humano criar os **aviões**. Você já reparou como os formatos de uma ave voadora e de um avião são semelhantes?

Geraldo Bubniak/Fotoarena

Esse grande cata-vento é uma turbina eólica, e localiza-se na Região Nordeste do Brasil.

Gallinagomedia/Dreamstime.com

Rick Pisio/Alamy/Glow Images

Poluição do ar

Você já ouviu falar em poluição do ar, ou poluição atmosférica? Muitas atividades realizadas por nós, seres humanos, prejudicam o ar que recobre o nosso planeta. As fumaças liberadas pelas indústrias e pelos automóveis, os gases que saem do lixo e de produtos químicos que compramos colaboram com a poluição. Quanto mais poluído o ar, pior para a nossa saúde e para a vida de todos os outros seres vivos.

Fabio Colombini

Observe a camada de ar poluído sobre a superfície do solo.

Thomaz Vita Neto/Pulsar Imagens

A fumaça traz inúmeras substâncias tóxicas para os nossos pulmões.

Algumas atitudes ajudam a diminuir a fumaça liberada na **atmosfera**, como andar a pé, em vez de usar o carro. Assim, o carro deixa de liberar diversas substâncias tóxicas pela fumaça.

Atmosfera: camada de ar que envolve o planeta.

Mauritius/Latinstock

Se você mora perto da escola, peça a um adulto da família que o acompanhe em uma caminhada a pé e veja como pode ser divertido.

Mãos à obra

Como respiramos?

Prestem atenção em sua respiração e sigam os comandos do professor:

1. Coloque as mãos em seu tórax.
2. Inspire profundamente o ar.
3. Segure o ar dentro do corpo contando até 10.
4. Solte o ar devagar.

Agora complete as frases.

a) De modo ideal, o ar entrou pelas _______________ .

b) Na atividade você sentiu seu peito estufar. Isso ocorreu porque o ar foi para os _______________ .

Agora é com você

1 Complete o esquema sobre o processo de respiração.

Respiração

Tem duas etapas

Inspiração	

2 Existem dois principais gases envolvidos na respiração: um que é aproveitado pelo corpo e outro que sai dele. Observe as ilustrações e responda às questões.

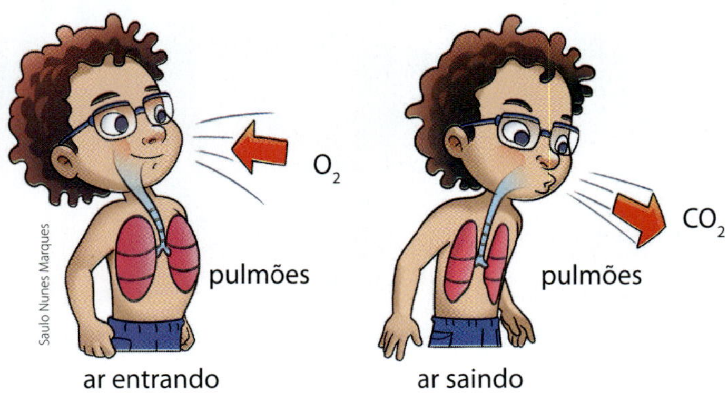

a) Durante a inspiração, os pulmões estão se enchendo ou esvaziando?

____

b) O gás que é aproveitado pelo organismo é conhecido pelo símbolo de O_2. Como ele se chama?

____

c) Durante a expiração, os pulmões estão se enchendo ou esvaziando?

____

d) O gás liberado pelo organismo é conhecido pelo símbolo de CO_2. Como ele se chama?

____

3 Há diversas formas de escrever um texto, e uma delas é a escrita de poesias. Algumas poesias são transformadas em músicas, como esta abaixo, que fala sobre o ar.

Vamos ler um trecho dessa música?

O ar (o vento)

[...]
Quando sou fraco
Me chamo brisa
E se assobio
Isso é comum
Quando sou forte
Me chamo vento
Quando sou cheiro
Me chamo pum!

Ronaldo Barata

Vinicius de Moraes. O ar (o vento). In: *A arca de Noé: poemas infantis*. São Paulo: Editora Companhia das Letras, 1991. p. 30.

Agora responda às perguntas.

a) Quem é o autor da música?

____

b) A letra da música se refere a qual elemento da natureza?

____

c) Qual frase você escolheria para substituir o verso "Me chamo 'brisa'"?

- Me chamo vento fedido
- Me chamo vento forte
- Me chamo vento fraco
- Me chamo vento sem cor

____

d) O ar não tem cheiro. Mas em que situação descrita na música ele passa a ter cheiro?

____

4 Circule o animal que foi estudado pelo ser humano para desenvolver máquinas voadoras, como a asa delta.

Svetlana Day/Dreamstime.com

Asa delta.

Martin Ruegner/Radius Images/Latinstock

Fragata.

Jeff Rotman/Stone/Getty Images

Golfinho.

Dave Watts/Alamy/Glow Images

Lagarto-de-gola.

CAPÍTULO

3 O solo e sua importância

Coleção particular/The Art Gallery Collection/Alamy/Other Images

Nathaniel Currier. *American Farm Scenes*. Litografia colorida à mão, 42 × 61 cm.

Bate-bola

Você acha que o solo era importante somente para as pessoas do passado ou ainda é para nós?

Mãos à obra

Observação e desenho

1. Observe a tela acima. De que modo o solo está sendo utilizado?
2. Que outras finalidades você poderia citar para o solo?
3. Agora desenhe em uma folha à parte as utilidades para o solo que você vê em sua cidade ou bairro. Há casas, plantações, pastagens, poços de água, mineradoras?

Formação e uso do solo

O solo é a camada mais superficial da Terra e onde vive uma grande variedade de seres vivos, como vegetais e animais.

A camada de solo não é muito profunda. O solo demora milhões de anos para se formar. Ele é formado do **desgaste** das rochas e, também, por restos de seres vivos.

Observe as imagens a seguir. O que está acontecendo com as rochas?

Andreiuc88/Shutterstock

Enrico Marone/Pulsar Imagens

Martin Gillespie/Shutterstock

Barrett & MacKay/All Canada Photos/Getty Images

Luis Salvatore/Pulsar Imagens

João Prudente/Pulsar Imagens

Desgaste: deterioração de um material.

Você notou que há vários modos de uma rocha sofrer desgaste?

As rochas, durante muito e muito tempo, passam por transformações. Quando estão expostas ao ar, elas recebem calor do Sol e chuva, passam por mudanças climáticas, sofrem atrito etc. Tudo isso contribui para que, em milhões de anos, o que era rocha se torne solo.

Victoria Snowber/Riser/Getty Images

Em poucos dias, a semente do feijão germina e dá origem a uma pequena planta com folhas, raízes e caule.

Há muito tempo, os seres humanos utilizam o solo também para retirar alguns minerais, transformando-os em objetos úteis ao dia a dia. São exemplos de minerais o ouro, a prata e o cobre.

É no solo que os seres humanos fazem o plantio da maioria dos vegetais, principalmente para sua alimentação.

A semente das plantas precisa de solo com água, ar e nutrientes para se desenvolver e dar origem à planta adulta.

Fabio Colombini

Vista aérea de plantação de laranjas no estado de São Paulo, 2011.

Fabio Colombini

O alface, a couve, a cenoura e vários outros vegetais são cultivados em hortas como a da imagem.

O solo na agricultura

Chamamos de solo agricultável o solo próprio para a produção agrícola e também para a pecuária, pois muitos animais de criação comem vegetais. É pela agricultura que produzimos grande parte dos alimentos que consumimos

Solos argilosos, que possuem bastante barro, podem não ser bons para a agricultura, pois a água demora para penetrar e, portanto, fica empoçada depois da chuva, como mostra a imagem.

Ernesto Reghran/Pulsar Imagens

Água empoçada em solo argiloso. Município de Una, Bahia, 2013.

Solos formados por areia não retêm a quantidade de água necessária ao crescimento das plantas e, não são ideais para o plantio. Além disso, é pobre em nutrientes, portanto somente alguns tipos de planta conseguem crescer nesse tipo de solo.

Gerson Gerloff/Pulsar Imagens

Solo formado por areia no litoral do município de Rio Grande, estado do Rio Grande do Sul, 2010.

Para a produção agrícola, vimos que os solos precisam ter nutrientes. Além de água e luz, o crescimento das plantas requer nutrientes do solo.

Os solos **férteis** são aqueles que apresentam boa quantidade de matéria orgânica.

Férteis: que são mais ricos, possibilitando o desenvolvimento adequado dos vegetais.

Na camada mais escura há maior quantidade de matéria orgânica. A matéria orgânica são restos de seres vivos (plantas, vegetais, microrganismos) que, ao se decomporem, tornam o solo mais fértil.

Veja como o solo começa a clarear nestes pontos. São solos menos ricos.

Como você viu, a camada fértil é bem fina. Por isso, o solo deve ser cuidado, assim como devemos cuidar das águas dos rios. Os solos podem ser poluídos e degradados. Se isso ocorrer, chega um ponto que não são mais úteis para o crescimento de vegetais, tanto para o uso humano quanto para o de outros animais.

K_background stocker/Shutterstock

Diversas camadas do solo.

Mineração

Abaixo do solo está a rocha, ou seja, um minério grande e resistente. Em cada lugar essa rocha pode ser diferente. Os seres humanos aproveitam as rochas para fabricar utensílios diversos, como garfos, facas e também aparelhos eletrônicos, como televisores e telefones celulares. As rochas são retiradas do subsolo por meio de grandes escavações, como mostra a fotografia a seguir.

O petróleo não é uma rocha, mas um minério que dá origem a diversos produtos, como o plástico, e combustíveis, como a gasolina e o óleo diesel, que fazem os automóveis funcionarem. Sua extração também é uma forma de mineração.

Sciencephotos/Alamy/Glow Images

O petróleo é um óleo bem grosso que não se mistura com a água.

Christian Tragni/Folhapress

A mineração ocorre com a formação de um grande buraco no solo que dá acesso à rocha.

Quem suja o solo? O ser humano!

Mesmo os solos mais ricos podem ser **contaminados** pela ação humana. Existem vários tipos de contaminação do solo. Um deles é o uso excessivo de **agrotóxicos** na agricultura para eliminar, por exemplo, insetos e ervas daninhas que atacam a plantação.

Agrotóxico sendo despejado em plantação.

Outro tipo de contaminação ocorre pelo descarte incorreto de esgoto no ambiente. Muitas localidades não dispõem de serviços de coleta e tratamento da água utilizada (esgoto) e esta é despejada no ambiente.

Algumas regiões não tratam o lixo da maneira adequada e acumulam todo tipo de lixo em uma área sobre o solo, formando os **lixões**. Parte desse lixo produz substâncias tóxicas que contaminam o solo e as águas subterrâneas. Além disso tudo, há o lixo que as pessoas jogam sobre o solo.

Contaminado: aquilo que se tornou poluído por substâncias que fazem mal ao ambiente e aos seres vivos.

Por isso, precisamos defender os solos das sujeiras que jogam nele!

Lixões como este são uma ameaça à saúde e ao ambiente, pois o lixo contamina o solo.

A maneira adequada de descartar o lixo recolhido pela cidade é nos aterros. Lá o lixo não entra em contato com o solo e é coberto por camadas de terra, evitando o contato com animais.

Agora é com você

1 Melissa e Danilo estão conversando sobre a aula de solos. Qual dos dois está certo? Justifique sua escolha.

____

____

____

____

2 As imagens a seguir mostram etapas da formação do solo, mas elas estão na ordem errada. Enumere-as na ordem correta e explique o que ocorre em cada etapa.

______________ ______________ ______________

______________ ______________ ______________

______________ ______________ ______________

______________ ______________ ______________

3 Atualmente é possível escavar enormes crateras para a exploração de minerais no solo, como ferro, carvão, pedras preciosas etc. Veja a imagem ao lado e responda às questões.

Mikhail Metzel/AP Photo/Glow Images

Cratera produzida pela extração de diamantes na província de Yakutia, Rússia, 2006.

a) Você sabe para que os diamantes podem ser usados?

____

____

b) Que tipo de consequência a extração de diamante pode trazer para o ambiente?

____

____

4 Quais são as características de um solo fértil?

____

____

____

5 Em qual das imagens a seguir o solo pode estar sendo contaminado? Explique sua resposta.

Gerson Gerloff/Pulsar Imagens

Stanislav Spurny/Dreamstime.com

Cesar Diniz/Pulsar Imagens

____

____

____

____

Cantinho de sugestões

Livro

Editora Moderna

- *Carolina e o vento*, de Samuel Murgel Branco. São Paulo: Editora Moderna, 2002.
  O livro mostra, de uma maneira bem interessante, como se formam os ventos, destacando sua importância tanto para a natureza quanto para os seres humanos.

Site

- **Brinque com Ciência:** nesse *site* há vários jogos, entre eles o jogo da fazendinha, no qual os alunos podem interagir com elementos da natureza.
  Disponível em: <http://ccw.sct.embrapa.br/?pg=brinque_com_ciencia>.

Visitas

- Fundação Zoobotânica do Rio Grande do Sul
  Rua Dr. Salvador França, 1427. Porto Alegre-RS.
  www.fzb.rs.gov.br
- Jardim Botânico Adolpho Ducke
  Av. Uirapuru, s/nº Cidade de Deus, Manaus-AM.
  www.portalamazonia.com.br/secao/amazoniadeaz/interna.php?id=435

Relembrando o que estudei

- Estudamos que os seres vivos precisam da água para sobreviver. Ela constitui a maior parte do corpo dos seres vivos.
- Os seres humanos utilizam água para a higiene, prática de esporte e lazer, e geração de energia elétrica.
- Vimos que sem ar não seria possível a existência dos seres vivos.
- Aprendemos que o solo é utilizado para plantação, criação de animais, construção de moradias. Sem o solo não seria possível o desenvolvimento de muitas plantas das quais outros seres vivos dependem.

UNIDADE 5

O Sol e os seres vivos

É hora de trocar ideias

1. De onde vem a luz que ilumina a cena representada?
2. Você acha que a ilustração mostra um dia quente ou frio? Por quê?
3. Na imagem há plantas. Elas existiriam se não houvesse o Sol?
4. Há um bebê tomando sol. Isso pode ser feito em todas as horas do dia e durante muito tempo?

CAPÍTULO

1 Sol, fonte de luz

Bate-bola

Você saberia dizer por que os seres vivos precisam da luz do Sol?

Mãos à obra

Saída a campo

Durante o dia

1. Vá à janela de sua casa – ou algum local aberto, como varanda, jardim ou quintal – e observe o céu e a paisagem durante o dia.
2. Anote no caderno tudo o que puder enxergar: pássaros, árvores, casas etc.

Nunca olhe diretamente para o Sol, pois isso pode prejudicar sua visão.

Durante a noite

1. Volte ao mesmo local em que observou a paisagem e o céu durante o dia e repita a observação e o registro no caderno.

Em sala de aula

Discuta as questões a seguir com os colegas e o professor.

a) Quais foram os elementos observados no céu durante o dia e a noite?

b) Houve diferenças entre esses períodos?

Uma estrela que ilumina e fornece energia

A luz do Sol ilumina o ambiente e, por isso, conseguimos enxergar os ambientes e os objetos durante o dia.

O olho só enxerga aquilo que está iluminado. Assim, não vemos nada em locais totalmente escuros, e enxergamos mal à noite.

Jag Images/Cultura RF/Getty Images

Durante o dia, podemos enxergar os objetos.

Você saberia dizer o que é o Sol?

O Sol é uma estrela, e como todas as estrelas, é formado de gases.

O Sol é a estrela mais próxima do planeta Terra, onde vivemos. Por estar tão próximo, ele parece um grande círculo de fogo no céu. Se ele estivesse tão distante como as outras estrelas, seria observado como um pontinho brilhante à noite no céu.

Saulo Nunes Marques

O Sol e a vida na Terra

O Sol é fundamental para a vida na Terra.

Ele ilumina e aquece a Terra. Sem ele haveria apenas a noite, e o planeta seria insuportavelmente frio.

O Sol é muito importante também na ocorrência de chuvas. Seu calor evapora a água que, depois, volta à superfície em forma de chuva. A chuva fornece água aos vegetais e enche os rios, de onde tiramos água para beber.

Clarissa Leahy/Cultura Images/Latinstock

As chuvas fornecem água às plantas, enchem os rios e reservatórios e refrescam o ambiente.

A luz do Sol é essencial aos vegetais, pois na presença dela eles produzem seu próprio alimento e se mantêm vivos.

O fato de os vegetais serem capazes de sobreviver produzindo seu próprio alimento é muito importante para os seres vivos.

Observe a imagem a seguir e explique a importância dos vegetais para os seres humanos.

André Aguiar

Turma Conectada

Estúdio Ornitorrinco

Discuta as questões a seguir com o professor.

1 Por que é importante que Camila durma bem?

2 O que é um animal de hábito noturno?

3 Em sua opinião, os seres humanos têm hábitos diurnos ou noturnos? Justifique sua resposta.

O Sol e a saúde

O Sol destrói diversos microrganismos. Por isso é importante deixar janelas abertas para que sua luz entre nas casas, colocar tapetes e mesmo roupas para secar ao sol.

Outra grande importância do Sol para os seres humanos está no fato de que seus raios ativam a produção de vitamina D no organismo. A vitamina D é bastante importante para a formação e o fortalecimento de nossos ossos.

Mas é importante não se expor muito tempo à luz do Sol. Deve-se sempre evitá-la entre 10 horas da manhã e 4 horas da tarde, horário em que os raios nocivos estão mais intensos. Sempre aplique protetor solar e use chapéu para se proteger.

Mãos à obra

Noturno ou diurno?

Você estudou que os seres humanos têm hábitos diurnos. Mas essa divisão entre diurnos e noturnos também existe para outros animais, sabia?

Essa divisão se refere ao horário em que esses animais são mais ativos – ou seja, o horário em que saem para se alimentar, procriar etc.

O grupo de animais diurnos é maior do que o de animais noturnos. Ambos os grupos apresentam características específicas para agirem em cada período.

Veja os exemplos a seguir.

A onça-pintada pode fazer algumas atividades durante o dia, mas seus hábitos são principalmente noturnos.

O orangotango é um animal diurno. Realiza suas principais atividades durante o dia.

Ilustrações: Paulo César Pereira

Os gambás têm hábitos noturnos, o que ajuda a fugirem de predadores.

1. Façam uma pesquisa sobre os hábitos de vida dos animais representados abaixo e preencha a tabela classificando-os como animais de hábitos noturnos ou diurnos.

morcego

quati

papagaio

Ilustrações: Paulo César Pereira

coruja

anta

borboleta

Animais de hábitos noturnos	Animais de hábitos diurnos

2. Em duplas, escolham um dos animais para pesquisar e respondam às questões.

a) Nome do animal: ______________________________

b) Alimenta-se de vegetais, outros animais ou de outros tipos de alimento?

____

c) Os filhotes se desenvolvem em ovos ou dentro da barriga da mãe? ______________

d) Locomove-se andando ou voando? ______________________

Agora é com você

1 Observe a tela a seguir.

Museu Van Gogh, Amsterdam/The Bridgeman Art Library/Getty Images

Vincent Van Gogh. *Campo de trigo com ceifeiro e Sol*, 1889. Óleo sobre tela, 73 × 92 cm.

a) Descreva os elementos representados na obra de arte.

____

b) Quais cores o artista utiliza? _______________

c) Essa pintura mostra alguma estrela? Qual? _______________

d) Se fosse durante a noite, você conseguiria ver os mesmos elementos da paisagem? O que veria?

____

____

____

2 O pai dos dois meninos gostaria de dormir até mais tarde. Mas eles não! Veja o que aconteceu:

Flávio Soares

- Os meninos acordaram bem cedo e dispostos. Se eles tivessem ido dormir tarde ou tivessem dormido pouco, será que teriam tanta energia?

3 Em alguns países o Sol está visível por um período bem curto e, por ser muito frio, as pessoas cobrem todo o corpo com roupas.

Para compensar a falta de exposição ao Sol, crianças e adultos tomam banhos de luz. Explique por que isso é necessário.

Wally McNamee/Corbis/Latinstock

Crianças tomam banho de luz no inverno de Stavropol, Rússia, 1987.

4 Observe as duas imagens e responda: Qual é a relação entre a existência do Sol e a produção de leite pela cabra?

Ilustrações: Ronaldo Barata

CAPÍTULO 2

Sol, fonte de calor

Garfield, Jim Davis © 2007 Paws, - All Rights Reserved/ Dist. Universal Uclick

Bate--bola

Você saberia dizer por que, na tirinha acima, a temperatura está tão alta?

Na cidade onde você mora, as temperaturas são altas?

Como você se refresca quando sente muito calor?

Qual o lugar mais quente que você já visitou?

Calor e temperatura no planeta

O calor que vem do Sol é essencial para a existência da vida. Sem essa fonte de calor, nosso planeta seria tão frio que provavelmente não haveria vida.

Computer Earth/Shutterstock

Alguns locais do globo terrestre são mais frios e outros mais quentes. No entanto, há formas de vida praticamente em todas as partes.

O Sol está a uma distância muito grande da Terra, de cerca de 1 50 000 000 000 metros!

As temperaturas no Brasil são indicadas por uma escala chamada graus Celsius. Quem propôs essa escala foi o sueco Anders Celsius (1701-1744).

A escala Celsius vai de 0° (temperatura do gelo) a 100° (temperatura da água ao ferver).

O instrumento utilizado para medir a temperatura é o termômetro. No interior dos termômetros há um tubo fino que contém álcool ou mercúrio. Este material expande quando a temperatura aumenta, e contrai quando ela diminui.

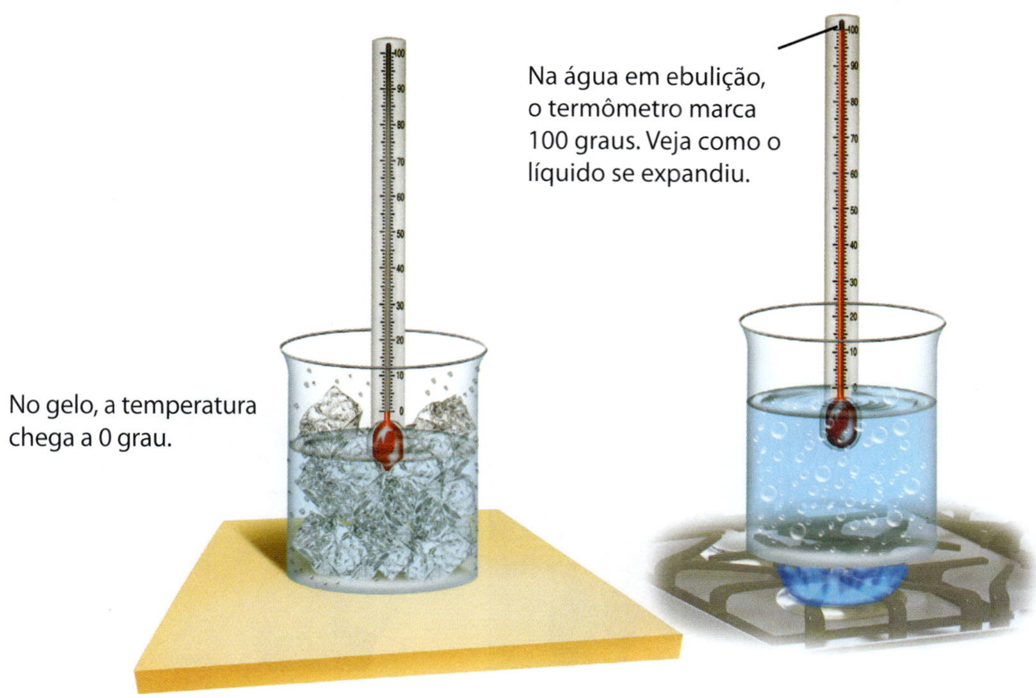

Luís Moura

Lugares diferentes, temperaturas diferentes

Mas certas partes do planeta apresentam temperaturas ainda menores que 0 grau Celsius. A manchete a seguir mostra uma **nevasca** ocorrida nos Estados Unidos. A nevasca é a queda intensa de neve em um lugar. As nevascas ocorrem em alguns países durante as estações muito frias do ano.

Nevascas provocam emergência em dois Estados dos EUA

Atualizado em 3 de janeiro, 2014 - 18:45 (Brasília) 20:45 GMT

AFP

Léo Burgos

Observe a roupa das pessoas e a quantidade de neve acumulada na rua e nas bicicletas.

As temperaturas também variam no mundo, dependendo da estação do ano. As estações do ano são primavera, verão, outono e inverno.

Em algumas regiões as estações são bem definidas; em outras, não, variando apenas a quantidade de chuvas.

Masterfile/Latinstock

Bruno Zanardo/Fotoarena

Klaus Vedfelt/Riser/Getty Images

Como já foi mencionado, o calor do Sol que atinge a Terra é adequado à vida. No entanto, o clima de cada região interfere na rotina e nos costumes dos seres vivos.

Assim como os seres humanos, os outros animais e os vegetais têm características que possibilitam sua sobrevivência nos diversos ambientes.

Stephanie Swartz/Dreamstime.com

Lembre-se de beber água ao longo do dia e, principalmente, após exercícios físicos ou em dias mais quentes.

Os desertos são ambientes quentes de dia e frios à noite. São também muito áridos, ou seja, têm pouca água disponível. Os seres que vivem lá apresentam características especiais que proporcionam a sobrevivência deles.

Nas regiões polares, os vegetais e os animais apresentam características que ajudam a resistir às baixas temperaturas e aos longos períodos de pouca luz.

As florestas, por terem condições climáticas mais favoráveis à vida, abrigam uma maior diversidade de espécies de vegetais e animais.

Ilustrações: Paulo César Pereira

Por exemplo, os pinguins e as focas têm uma grossa camada de gordura que evita a perda de calor.

Os cactos, por exemplo, têm as folhas modificadas em espinhos, o que evita a perda de água por transpiração.

É hora de saber mais

Como funciona o protetor solar?

Para muitos de nós, ele é companhia apenas na praia, mas deveria estar grudado na gente durante a prática de qualquer atividade ao ar livre. O protetor solar não só previne queimaduras doloridas, como também é um aliado para evitar doenças causadas pela exposição aos raios solares.

O Sol é fonte de luz e calor, que beneficia a Terra. Porém, ele emite uma radiação chamada ultravioleta, que é altamente energética, e que, em excesso, pode alterar a composição das **células** de nossa pele. Esse órgão, a pele, que recobre o corpo inteiro, tem suas células renovadas o tempo todo e essas células novas expostas ao sol em excesso, podem nascer modificadas e dar origem a outras células com alterações. A pele, então, pode vir a apresentar manchas, enrugar e até desenvolver doenças como o câncer.

Por isso, o uso do protetor solar é muito importante. Ele funciona como um guarda-sol invisível para nossa pele. Em sua fórmula, há substâncias que absorvem a energia luminosa do Sol e a transformam, por exemplo, em calor.

Existe, também, um produto similar ao protetor chamado de bloqueador solar. Como sugere o nome, ele atua como uma barreira, evitando que a radiação do Sol penetre na pele. [...]

Leonardo Conceição

Disponível em: <http://chc.cienciahoje.uol.com.br/como-funciona-o-protetor-solar>. Acesso em: ago 2014.

Agora responda às questões.

a) Qual é o nome da radiação que pode causar alterações na pele?

b) O que essa radiação pode causar na pele?

c) Qual produto é preciso usar para evitar problemas de pele causados pelo Sol?

Ponto com

http://ponto com

A previsão do tempo é feita pelo profissional chamado **meteorologista** e depois é divulgada no jornal ou na televisão, por exemplo. As previsões feitas pelos meteorologistas podem ser vistas também na internet, em vários *sites*, que informam como estará o tempo.

Digite em um *site* de buscas as palavras "previsão do tempo" e o nome de sua cidade. Você encontrará diversas informações interessantes, e provavelmente poderá se programar e escolher o que vestir no dia seguinte.

Agora é com você

1 Vamos imaginar que o Sol se apagasse.

a) As plantas continuariam vivas? Justifique sua resposta.

____

____

b) Se o vegetais desaparecessem, os animais continuariam sobrevivendo? Justifique sua resposta.

____

____

2 Os termômetros a seguir marcam a temperatura da água em duas situações diferentes. Indique nos quadrinhos a temperatura da água dos dois recipientes.

3 Em um telejornal o "homem do tempo" fez o seguinte anúncio:

Ilustra Cartoon

a) Existem temperaturas abaixo de zero?

____

____

b) Isso ocorre em sua cidade durante o inverno?

____

4 O calor do Sol interfere na rotina dos seres humanos?

____

____

5 Observe as imagens:

Dof-Photo by Fulvio/Flickr/Getty Images

Tim Laman/National Geographic/Getty Images

Beau Lark/Corbis/Latinstock

a) Relacione o calor enviado pelo Sol ao fato de existirem as estações do ano e explique por que essas pessoas se vestem de maneiras diferentes.

b) Como as pessoas costumam se vestir na região onde você mora? Por quê?

6 Para manterem-se aquecidos, os seres humanos precisam utilizar roupas. Contudo, os animais que vivem em regiões frias não utilizam roupas.

Observe as imagens abaixo e responda: Qual característica você pode observar nesses animais que os mantém aquecidos?

Pär Edlund/Dreamstime.com

Urso-polar.

Outdoorsman/Dreamstime.com

Raposa-polar.

7 O calor do Sol influencia fortemente na determinação do sexo (macho e fêmea) da maioria dos répteis. No caso de muitas tartarugas, quando o ovo é incubado em baixas temperaturas nascem machos, e quando são incubados em altas temperaturas nascem fêmeas.

a) Com qual sexo os filhotes dessas tartarugas nascerão se ocorrer um aumento da temperatura do planeta?

b) Isso pode prejudicar a espécie?

Paulo César pereira

É hora de saber mais

Desidratação

A desidratação é a perda de líquidos e sais minerais do corpo, que pode ser aumentada por vários fatores no Verão [...].

A pessoa passa a apresentar sede, fica muito tempo sem urinar, com a boca e mucosas secas e olhos ressecados. É uma doença greve, por isso, deve ser evitada com algumas dicas: prefira local arejado e com sombra, use roupas leves e ingira constantemente líquido.

[...]

Insolação

A insolação é provocada pela exposição excessiva ao sol. Como consequências, a pessoa pode sentir os seguintes sintomas: intensa falta de ar, dor de cabeça, náuseas e tontura, temperatura do corpo elevada, pele quente, avermelhada e seca, extremidades arroxeadas e, até mesmo, a inconsciência. Procure o atendimento médico imediatamente.

[...]

Disponível em: <www.hgb.rj.saude.gov.br/saude/doencas_de_verao.asp>. Acesso em: jul. 2014.

1. O que pode causar a desidratação?

____

____

2. O que é a insolação?

____

3. O que pode ser feito para evitar a desidratação e a insolação?

____

____

____

____

Cantinho de sugestões

Filme

Warner Bros

- *Happy Feet: o pinguim*. Direção de George Miller, Warren Coleman e Judy Morris. EUA: Warner Bros., 2006.
  Esse filme mostra uma emocionante história de um pinguim que não sabe cantar, mas é um excelente dançarino. Conheça a vida dos animais que vivem em regiões geladas e perceba a importância de respeitar as diferenças.

Livro

Editora Formato

- *A menina e o Sol*, de Constância Lucas e Julio Gonçalves Dias. São Paulo: Editora Formato, 2011.
  Relata a história de uma menina muito curiosa e cheia de perguntas, comuns a toda criança. Descubra junto com essa menina como solucionar essas dúvidas.

Relembrando o que estudei

- O Sol é a estrela que está mais próxima da Terra. Sua luz nos ajuda a enxergar tudo que há em nossa volta.
- Os vegetais dependem da luz do Sol para produzir o próprio alimento.
- Os animais têm seus hábitos e sua saúde influenciados pela luz solar. Há animais diurnos e noturnos.
- O Sol é fonte de calor para os seres vivos.
- Há lugares mais frios e outros mais quentes no planeta Terra, dependendo da sua localização e também das estações do ano.
- A temperatura no Brasil é medida em graus Celsius (°C).
- Os seres vivos estão adaptados a viver nos diversos climas do planeta.

UNIDADE

6 Animais

É hora de trocar ideias

1. Onde esses animais estão?
2. Esse é o ambiente natural deles?
3. Como eles encontram alimento nesse ambiente?
4. Em sua opinião, é certo que esses animais sejam criados nesses locais?

CAPÍTULO

1 Animais e suas características

Luiz Alberto Jr./Laeti Images

Bate--bola

Essa é uma placa comum em zoológicos. O que você consegue descobrir sobre o animal ao ler a placa?

Entendendo os nomes científicos

Muitas pessoas têm apelido, mas além do apelido, todas têm um nome. Então, no mundo dos outros seres vivos, como as plantas, também é assim: existe o apelido e o nome.

A diferença é que, em Ciências, nós chamamos o apelido de nome comum, e o nome real de **nome científico**.

Por exemplo, no Brasil, chamamos o animal ao lado de chimpanzé, que é o nome comum dele. Já o nome científico é *Pan troglodytes*.

Mas por que usar o nome científico, sendo ele mais difícil de pronunciar?

Isselee/Dreamstime.com

Nome comum: chimpanzé.
Nome científico: *Pan troglodytes*.

Esse nome é universal, ou seja, *Pan troglodytes* é o nome dessa **espécie** no Brasil, na Índia, nos Estados Unidos e em qualquer outra parte do planeta. Além disso, ele é específico, designa uma única espécie, enquanto o nome "chimpanzé" refere-se a duas espécies diferentes.

Note que são dois nomes. Eles indicam que essa espécie é diferente de todas as outras espécies de macacos. O nome científico do macaco bonobo, por exemplo, é *Pan paniscus* – ou seja, é outra espécie de macaco.

Mesmo os vegetais têm nome científico. A banana comum é chamada pelos cientistas do mundo todo de *Musa paradisiaca*.

Nome comum: banana.
Nome científico: *Musa paradisiaca*.

Espécie: conjunto de seres vivos que são capazes de se reproduzir, gerando descendentes que também poderão se reproduzir.

Mãos à obra

Identificando os animais

1. Agora vamos fazer a pesquisa. Escolha um dos animais, relacionados abaixo, que costumam ser encontrados em zoológicos.

leão elefante girafa
pavão jiboia

Faça uma pesquisa sobre o animal escolhido e elabore uma placa de identificação. Para isso você precisará das seguintes informações:

- nome comum;
- nome da espécie;
- local onde é encontrado na natureza;
- um alimento que costuma consumir.

É hora de saber mais

Você sabe para que servem os zoológicos?

Os zoológicos são como parques, cuja atração são os animais expostos à visitação. Alguns grupos são contrários a esses locais, pois alegam que os animais vivem como prisioneiros.

Entretanto, há pessoas que os defendem, afirmando que servem para abrigar animais que precisam de proteção e cuidados. As pessoas responsáveis auxiliam os animais a se reproduzir, cuidam dos filhotes e ensinam às pessoas a importância das várias espécies que habitam os zoológicos.

Pelo fato de o zoológico não ser o ambiente natural dos animais, é necessário uma identificação especial. Ao visitar um zoológico podemos ver nas placas de identificação o local onde os animais normalmente são encontrados.

Por exemplo, se visitarmos o viveiro de uma arara-azul-de-lear veremos na placa que sua espécie vive exclusivamente na Bahia.

O mesmo ocorre com o mico-leão-preto que atualmente só ocorre no estado de São Paulo.

Peter Oxford/Minden Pictures/Latinstock

Arara-azul-de-lear (*Anodorhyncus leari*) comendo sementes de buriti na Estação Ecológica Raso da Catarina, BA.

Fabio Colombini

Mico-leão-preto (*Leontopithecus chrysopygus*) com filhote nas costas.

O local no meio ambiente onde o animal vive, que apresenta as condições necessárias à vida saudável, como clima, disponibilidade de alimentos e abrigo para moradia, é chamado de **hábitat**.

Alimentação dos animais

Os animais que vivem soltos no meio ambiente retiram seu alimento do local onde vivem. Eles podem ser classificados de acordo com sua dieta.

Os animais que se alimentam apenas de vegetais são chamados de **herbívoros**; aqueles que se alimentam apenas de animais são chamados de **carnívoros**; e aqueles que se alimentam dos dois tipos de alimentos são chamados de **onívoros**.

Sebastianknight/Dreamstime.com

A vaca se alimenta de capim, portanto é considerada um animal herbívoro.

Jens Kuhfs/Photographer's Choice/Getty Images

O tubarão come peixes menores e outros animais, por isso é classificado como animal carnívoro.

Altrendo/Getty Images

Os seres humanos se alimentam tanto de produtos de origem vegetal quanto de origem animal, logo são considerados animais onívoros.

Reprodução dos animais

Na maioria deles, a reprodução ocorre quando uma fêmea se une a um macho. Para isso, o organismo deles precisa estar maduro.

Alguns animais se desenvolvem no interior da barriga da mãe. Esses animais são chamados de **vivíparos**. Os seres humanos, os elefantes, os coelhos e os golfinhos são exemplos de animais vivíparos.

Aleksandr Hunta/Shutterstock

Os porcos se desenvolvem e nascem do corpo da mãe, por isso são classificados como animais vivíparos.

Outro grupo de animais se desenvolve dentro de ovos, fora do corpo da mãe. Quando estão totalmente formados eles saem do ovo e nascem. Esses animais são chamados de **ovíparos**. Alguns exemplos deles são as galinhas, os mosquitos, as borboletas, as formigas e os jacarés. Alguns ovos formam cascas rígidas, como os das aves. Outros podem formar ovos gelatinosos, como é o caso dos sapos.

Matteo photos/Shutterstock

Os sapos também se desenvolvem dentro de ovos.

Existe ainda outro grupo de animais que se desenvolvem em ovos, mas dentro do corpo da mãe. Quando estão formados eles rompem a casca do ovo e nascem. Esse grupo é chamado de **ovovivíparos**. Alguns tubarões, raias e serpentes são exemplos de animais ovovivíparos.

Jeffrey L. Rotman/Corbis/Latinstock

Alguns filhotes de tubarão, como o da fotografia, desenvolvem-se dentro de ovos que ficam no interior do corpo da mãe. Quando os filhotes estão prontos para nascer, eles rompem o ovo e saem da barriga da mãe.

Agora é com você

1 Veja a onça-pintada nas fotografias a seguir e responda às questões.

a

Palê Zuppani/Pulsar Imagens

b

Ary Bassous/Tyba

a) Uma das imagens mostra o hábitat natural desse animal. Qual é essa imagem?

____

b) Qual ambiente você acha que é o mais adequado para esse animal? Justifique sua resposta.

____

____

2 Observe a tela abaixo e faça o que se pede.

Coleção Particular/The Bridgeman Art Library/Keystone Brasil

Pablo Picasso. *Gato comendo pássaro*, 1939. Óleo sobre tela, 97 × 129 cm.

a) Descreva a situação representada na imagem.

____

____

b) Indique as cores mais utilizadas.

____

c) Na imagem, os animais têm a mesma forma que apresentam na realidade?

____

____

d) Um dos animais mostrados na imagem pode ser considerado carnívoro. Você concorda com essa afirmação? Por quê?

____

e) Quais são as sensações transmitidas pelo pintor ao observador?

____

3 Classifique os animais apresentados a seguir de acordo com seu desenvolvimento.

a) Animais que nascem de ovos externos ao corpo da mãe.

____

b) Animais que nascem da barriga da mãe.

____

c) Animais que se desenvolvem dentro de ovos, mas no interior do corpo da mãe.

____

4 Leia a tira abaixo.

Fernando Gonsales

a) Porque o rato se assusta?

____

b) É comum os ovos terem somente a clara ou somente a gema? Como são os ovos?

____

5 No filme de animação *A era do gelo 2* existem dois momentos em que nascem filhotes: de uma mamãe dinossauro e da fêmea de mamute Ellie. Tente se lembrar das cenas, ou assista ao filme para responder às questões a seguir.

a) Como você poderia classificar o tipo de desenvolvimento dos três dinossauros no filme?

____

____

____

b) A bebê mamute de Ellie também nasce do mesmo modo que nascem os filhotes de elefantes. Como se chamam os animais que se desenvolvem dessa forma?

____

Mãos à obra

Quem põe ovo?

Muitos animais põem ovos, desde insetos até grandes aves. Todavia, nem todos os ovos são iguais, pois existem ovos de casca dura, ovos de casca mole e até ovos sem casca.

O tempo que os filhotes levam para nascer também varia de um animal para outro. Alguns filhotes nascem em poucos dias (o mosquito-da-dengue, por exemplo, leva de três a cinco dias), enquanto outros levam meses para nascer, como o jabuti, que nasce depois de seis meses.

Que tal descobrirmos mais detalhes sobre os ovos dos animais?

1. Escolham um dos animais abaixo e façam uma pesquisa na internet ou em livros sobre o ambiente em que ele vive, o tipo de ovo onde se desenvolve o filhote e o tempo que ele leva para nascer.

jacaré avestruz joaninha
sapo peixe tartaruga

2. Depois organizem essas informações e apresentem para os colegas o que vocês descobriram.

É hora de Experimentar

De que é feita a casca do ovo de galinha?

Material:

- ovo;
- recipiente;
- vinagre.

Como fazer

1. Coloque o ovo cuidadosamente dentro do recipiente.
2. Despeje o vinagre até cobrir o ovo.
3. Reserve-o de um dia para o outro e escreva abaixo o que você acha que vai ocorrer.

____

4. No dia seguinte retire o ovo cuidadosamente do vinagre e observe o que ocorreu.

Registrando

a) O que aconteceu com a casca do ovo quando você colocou vinagre?

b) Como estava o ovo quando você o retirou do vinagre?

c) Aconteceu o que você esperava? Por quê?

Concluindo

a) Explique o que aconteceu com o ovo.

b) Por que a casca do ovo é importante?

CAPÍTULO 2

Animais vertebrados e invertebrados

Kornilovdream/Dreamstime.com

Mularczyk/Dreamstime.com

Bate-bola

Você reconhece esses animais?
Quais estruturas do corpo são mostradas nas imagens?

Acima você viu a estrutura interna de dois animais. Essas estruturas, que sustentam o corpo deles, são os **ossos**.

No entanto, nem todos os animais têm ossos. Os animais que apresentam ossos que compõem crânio e coluna vertebral são chamados de **vertebrados**.

Paulo César Pereira

Os animais que não apresentam essas estruturas são chamados de **invertebrados**.

O esqueleto interno dos animais pode apresentar muitas diferenças de forma, tamanho, ausência ou presença de membros etc. Contudo, todos eles apresentam crânio e coluna vertebral.

Animais vertebrados

Os vertebrados, por sua vez, são classificados em cinco grupos. São eles:

Peixes

São animais que vivem em ambiente aquático e se locomovem nadando. A pele de muitos deles é coberta por escamas como mostra o detalhe.

Fábio Colombini

O pirarucu é um peixe que habita os rios amazônicos.

Anfíbios

Esse grupo inclui sapos, rãs e pererecas. Geralmente, esses animais vivem parte da vida na água e parte em terra. Muitos se movimentam em saltos quando adultos.

Fábio Colombini

Sapo-cururu.

Répteis

Alguns dos animais que pertencem a esse grupo são jacarés, lagartos, serpentes, tartarugas e jabutis. São animais que rastejam ao se locomover e têm a pele seca, podendo apresentar escamas, placas e carapaça (no caso de tartarugas e jabutis).

Marcio Lourenço/Pulsar Imagens

Calango.

Aves

As aves têm asas, penas e colocam ovos. A maioria é capaz de voar, salvo algumas exceções, como a ema e o pinguim.

Andre Dib/Pulsar Imagens

Gavião-carijó, uma ave que se alimenta de pequenos animais.

Mamíferos

Esse grupo recebe esse nome porque os filhotes se alimentam de leite materno. Os mamíferos têm pelos no corpo e habitam diversos ambientes, tanto aquáticos como terrestres, movimentando-se de acordo com o ambiente onde vivem. Os que vivem na água nadam (golfinho, baleia); alguns de ambiente terrestre voam (morcego); alguns saltam (canguru) e outros andam (ser humano).

Sergio Vila/Dreamstime.com

Michael Patrick O'Neill/Photo Researchers/Latinstock

As baleias e os gatos são um bom exemplo da variedade do corpo dos mamíferos.

Animais invertebrados

Observe as imagens a seguir. Eles parecem bem diferentes. Mas o que faz com que pertençam a um mesmo grupo?

Armando Catunda/Pulsar Imagens

Os besouros são exemplos de insetos; a maioria vive em ambiente terrestre.

Luiz Fernando Cassino/Tyba

A estrela-do-mar vive em ambiente aquático de água salgada.

Fabio Colombini

A minhoca vive enterrada no solo.

Demonike/Dreamstime.com

A água-viva, conhecida por medusa, também é um exemplo de animal aquático.

Eles fazem parte do grupo dos invertebrados, que inclui um grande número de animais que não apresentam crânio nem coluna vertebral.

Eles habitam diversos ambientes, os quais podem ser aquáticos ou terrestres.

Alguns animais invertebrados, como os insetos, apresentam esqueleto externo, chamado de **exoesqueleto**, o qual não tem coluna vertebral nem crânio, mas funciona como uma armadura, protegendo e sustentando o corpo desses animais.

Agora é com você

1 Durante a aula de Ciências, a professora de Camila pediu aos alunos que observassem e desenhassem como eles achavam que era a estrutura de uma minhoca por dentro. Camila fez o seguinte desenho:

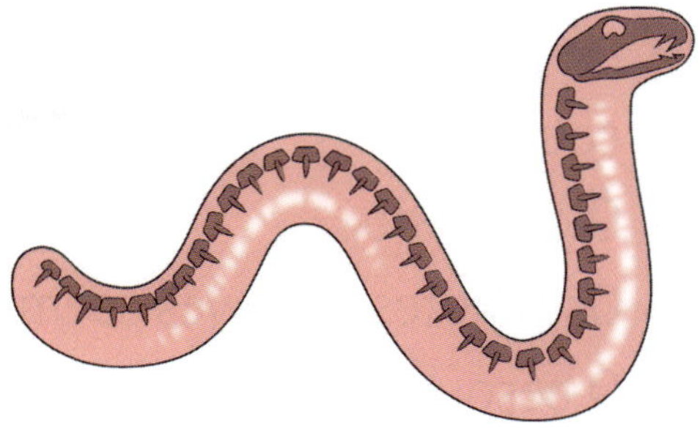

Saulo Nunes Marques

O desenho de Camila está correto? Por quê?

____

____

2 Complete o esquema com as palavras em destaque.

vertebrados   invertebrados
ter coluna vertebral e crânio

Animais
podem

______________	não ter coluna vertebral
e ser chamados de	e ser chamados de
______________	______________

3 Complete a tabela a seguir classificando cada um dos animais relacionados.

vaca   cobra   sapo   pintinho   tartaruga   leão   gato   lobo   tubarão
arara   galo   tucano   rã   jacaré   sardinha   lagarto   pirarucu   perereca

Peixes	Anfíbios	Répteis	Aves	Mamíferos

4 Complete as frases a seguir e preencha o diagrama de palavras.

a) O gato é um exemplo de animal ______________.

b) Os peixes e os répteis podem apresentar uma característica comum: o corpo é coberto por ______________.

c) O corpo do ______________ é protegido pelo exoesqueleto.

d) Os filhotes das aves saem de dentro de ______________.

e) O besouro é um animal que não apresenta crânio nem coluna vertebral, portanto é um ______________.

f) Alguns mamíferos andam, outros nadam e outros ______________.

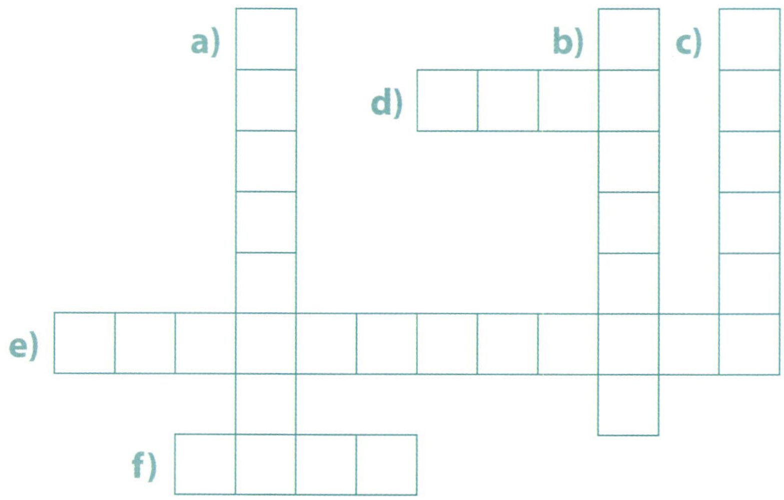

5 Observe os animais e circule aquele ou aqueles que põe(m) ovos.

Isselee/Dreamstime.com

Natalyaa/Dreamstime.com

Isselee/Dreamstime.com

Dule964/Dreamstime.com

CAPÍTULO

3 Extinção dos animais

Bate-bola

Você já ouviu falar de algum animal que existiu no passado e hoje não existe mais?

Você sabia que isso ainda pode acontecer?

Os pesquisadores do passado notaram que existiam muitos ossos de animais espalhados pelo solo; no entanto, esses animais não se pareciam em nada com os atuais. Foi então que eles se deram conta de que esses seres haviam vivido no passado, mas não existiam mais. Eles haviam desaparecido.

Quando todos os indivíduos de uma espécie desaparecem, sejam animais ou vegetais, dizemos que esses seres estão **extintos**.

Tom McHugh/Photoresearchers/Latinstock

Os mamutes são parentes antigos dos elefantes. Eles tinham presas muito grandes. Eles foram extintos há 12 mil anos. Alguns pesquisadores defendem que a caça desses animais pelos humanos foi a principal causa da extinção.

Joe Tucciarone/SPL/Latinstock

Os pterossauros eram dinossauros voadores que desapareceram há 65 milhões de anos. A teoria mais aceita é que um grande meteorito caiu sobre a Terra criando uma nuvem de poeira que impediu a entrada da luz do Sol. Com isso a vegetação morreu e consequentemente os dinossauros foram extintos.

Por que ocorrem extinções?

Existem vários motivos que podem levar um ser vivo à extinção. Doenças, caça e degradação do ambiente são algumas das possibilidades.

Michael & Patricia Fogden/Minden Pictures/Latinstock

O sapo *Bufo periglenes* costumava viver em montanhas na Costa Rica. Desde 1989 não se vê nenhum indivíduo dessa espécie. Os cientistas acreditam que o aumento da temperatura da região causou sua extinção.

Os seres vivos dependem dos elementos do ambiente, como ar, água e solo, para viver. Quando ocorrem alterações no ambiente, muitos animais podem buscar outro local, mas há outros que não conseguirão sobreviver e poderão entrar em extinção.

O desmatamento e a degradação de ambientes prejudicam a oferta de recursos naturais, como água, solo, alimento aos seres vivos, provocando a extinção de espécies.

A caça ilegal também pode contribuir para a extinção de animais. Muitos caçadores matam animais que estão em perigo de extinção ou em período de reprodução, desrespeitando as orientações sobre a proibição de caça.

Dan McCoy/Science Faction/Getty Images

Tráfico: comércio ilegal.

Vários periquitos foram capturados em seu ambiente natural e transportados até Iquitos, no Peru, onde seriam vendidos. O transporte geralmente não é feito de maneira adequada, o que gera a morte de muitos deles. Essa prática é chamada de **tráfico** de animais. Tanto a caça ilegal quanto o tráfico são considerados crimes, e quem os pratica pode ir preso.

É hora de saber mais

Como estudar os dinossauros?

Já existiram muitos tipos de animais no planeta. Alguns deles deixaram de existir há milhões de anos. Um exemplo é um grupo de animais vertebrados muito conhecido: os dinossauros.

Esses animais eram répteis, entre os quais havia herbívoros, onívoros e carnívoros. O famoso tiranossauro *rex* era um grande dinossauro carnívoro, muito temido pelos outros dinossauros. Os seres humanos nunca conviveram com esses animais, pois quando aparecemos no planeta eles não existiam mais.

Paulo César Pereira

O apatossauro era um animal herbívoro que podia chegar a 25 metros de comprimento. Na imagem, ele é comparado com um carro.

Não se sabe ao certo o que causou o desaparecimento deles, mas os pesquisadores acreditam que caiu um grande meteorito na Terra que causou a morte de muitas plantas e animais.

Mas como podemos saber tanta coisa sobre eles se nunca convivemos com esses animais?

Heelio Senatore

Muitos **vestígios** de dinossauros já foram encontrados, principalmente partes do esqueleto. Os vestígios preservados de seres vivos são chamados de fósseis, podendo ser partes do esqueleto, pegadas ou até dejetos de seres vivos que ficaram preservados no ambiente.

Os fósseis são rochas com vestígios de seres vivos que viveram há milhares de anos.

Agora é com você

1 As imagens a seguir apresentam uma das explicações mais aceitas para a extinção dos dinossauros. Coloque-as na ordem correta em que podem ter ocorrido os fatos.

Ilustrações: Paulo César Pereira

2 Quais atitudes ajudariam a evitar a possível extinção de alguns animais? Indique com um **X**.

- ☐ jogar lixo nos rios
- ☐ não comprar animais selvagens
- ☐ não cortar árvores
- ☐ comprar casacos de pele de animais

3 Leia a tira e depois responda às perguntas em seu caderno.

© 2009 Signe Wilkinson/Dist. by Universal Uclick for UFS

a) Você conhece algum parque? Se conhece, costuma frequentá-lo?

b) O que a personagem mais jovem quis dizer com a frase: "Ah, certo. Você não é fã de... água engarrafada!"?

4 Nas páginas 185 a 191 você encontrará encartes para montar seu próprio parque de dinossauros.

Cantinho de sugestões

Filme

20th Century Fox

- *Rio*. Direção de Carlos Saldanha. Animação. EUA: 20th Century Fox e Blue Sky Studios Pictures, 2011, 96 min.
  O filme conta a aventura de Blu e sua dona, Linda, para salvar a ararinha-azul da extinção.

Editora do Brasil

- *A minhoca Filomena*, de Marcia Gloria Rodriguez Dominguez. São Paulo: Editora do Brasil, 2008.
  Filomena não estava satisfeita em ser minhoca e ficar por aí rastejando e morando em um buraco, mas, quando resolveu reclamar da sorte, percebeu que a vida não era tão ruim assim... Não fosse sua casa um buraco na terra, a esta altura já estaria enchendo o papo do carijó.

Relembrando o que estudei

- O local na natureza onde os animais encontram alimentos, moradia e segurança para criar seus filhotes é chamado de hábitat.
- Os animais podem ser classificados de acordo com o tipo de alimentação: herbívoros, carnívoros ou onívoros.
- Os animais, quanto ao tipo de desenvolvimento e nascimento dos filhotes, classificam-se em: vivíparos, ovíparos ou ovovivíparos.
- Os animais vertebrados são aqueles que apresentam crânio e coluna vertebral. Eles podem ser agrupados em peixes, anfíbios, répteis, aves e mamíferos.
- Os invertebrados não apresentam crânio nem coluna vertebral.
- A extinção ocorre quando não existe mais nenhum representante da espécie, podendo ser por degradação ambiental, caça e variações na temperatura do ambiente.

UNIDADE

7 Vegetais

É hora de trocar ideias

1. Todas as plantas são iguais?
2. Você saberia dizer quais são as partes do corpo das plantas?
3. As plantas têm alguma relação com os animais? Como animais e plantas se relacionam?

CAPÍTULO 1

Plantas e suas características

Paulo César Pereira

Bate-bola Que elementos feitos das plantas vocês conseguem ver na imagem?

Mãos à obra

De que partes a planta é formada?

1. Reúna-se em grupos.
2. O professor fornecerá uma planta para cada grupo.
3. Observe as partes da planta, a cor e todos os detalhes.
4. Faça um desenho detalhado da planta observada em uma folha à parte.
5. Indique no desenho o nome das partes que você conhece.

As partes da planta

O corpo dos animais é formado por diversas partes e cada parte tem uma função. Nos vegetais isso também ocorre.

O corpo dos vegetais – que também chamamos de plantas – pode ser formado por raiz, caule, folhas, flores, frutos e semente. Veremos cada uma delas, com mais detalhes, a seguir. Observe a imagem a seguir.

Raiz

A principal função das raízes é absorver água e sais minerais do ambiente. As raízes também fixam a planta ao solo.

Algumas raízes também armazenam nutrientes, como as raízes da cenoura, o que as torna grossas.

Caule

Os nutrientes e a água absorvidos pela raiz é levado até as folhas. Esse transporte é feito, na maioria das vezes, pelo caule. Também é pelo caule que o alimento produzido pelas folhas chega a todas as partes da planta.

Os caules sustentam as folhas, flores e frutos. No entanto, existem caules que têm funções diferentes. Veja as imagens a seguir.

FU/a.collectionRF/amanaimages/Corbis/Latinstock

Existem caules que armazenam nutrientes. A batata é um exemplo.

Ernesto Reghran/Pulsar Imagens

O mogno tem caule duro e resistente. Esse tipo de caule é usado para fazer móveis, por exemplo.

Folhas

As folhas podem ter diversos formatos e tamanhos, mas costumam ser achatadas e verdes. Elas são responsáveis pela produção do alimento dos vegetais, como veremos mais adiante.

Fabio Colombini

As folhas de capim são pequenas, finas e alongadas. O capim braquiária, retratado na fotografia, é utilizado para pastagem do gado.

Ricardo Azoury/Pulsar Imagens

As folhas da bananeira são largas e compridas. Até hoje elas são utilizadas para forrar o teto de algumas casas.

Flor

As flores não existem para enfeitar a planta (embora façam isso muito bem!). A principal função da flor é a reprodução. É delas que se originam os frutos e as sementes.

O curioso é que algumas plantas, como os musgos e as avencas, não têm flores.

Iakov Filimonov/Dreamstime.com

A flor-de-lis é vistosa e colorida.

Fabio Colombini

O trigo apresenta flores pequenas e sem cheiro.

Fruto e semente

Os frutos se originam da flor. Dentro do fruto fica a semente. O fruto tem a função de proteger a semente. Existem muitos frutos que os seres humanos e outros animais comem; alguns são carnosos e suculentos, e outros são secos.

Abacate e tomate são exemplos de frutos carnosos.

Fotos: Edson Antunes

Caju e amendoim são exemplos de frutos secos.

A semente, assim como o fruto, origina-se da flor. Geralmente ela fica dentro do fruto. Existem frutos que apresentam somente uma semente, e outros que têm muitas sementes.

Manga e pêssego apresentam uma grande semente.

Edson Antunes

Photomaru/Dreamstime.com

A melancia é um fruto que apresenta muitas sementes pequenas.

A maioria das plantas nasce das sementes. Primeiro nasce uma pequena raiz e depois um pequeno caule. O nascimento das plantas é chamado de germinação.

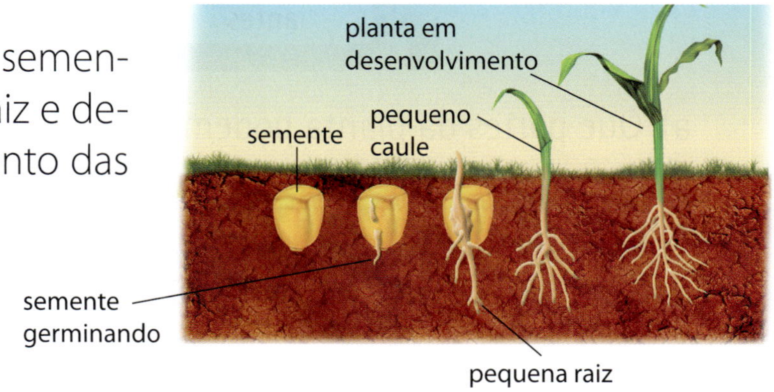

Luis Moura

Agora é com você

1 Observe as duas colunas. Em uma delas está escrito o nome das partes das plantas; e na outra, a função. Relacione o nome das partes com as funções correspondentes.

caule	Protege as sementes.
fruto	Produz alimentos.
folhas	Absorve água e sais minerais.
semente	É responsável pela reprodução.
raiz	Participa da germinação.
flor	Transporta água, sais minerais e alimento e sustenta a planta.

2 Observe as fotografias de uma jabuticabeira em dois períodos diferentes do ano e responda às questões.

Maurício Simonetti/Tyba
Daniel Cymbalista/Pulsar Imagens

a) Que partes da planta podemos ver em cada imagem?

____

____

____

b) Que alteração ocorreu na jabuticabeira com o passar do tempo?

____

c) Você já comeu jabuticaba? O que há dentro do fruto?

____

3 Leia o texto a seguir.

Jeremy Jowell/Moonshine Media/ Africa Media Online/Glow Images

A planta que aparece na imagem se chama *Welwitschia*. Ela tem raiz, caule e apenas duas folhas que crescem a vida toda. E acredita-se que ela possa viver até mil anos. A *Welwitschia* não tem flores nem frutos, mas tem sementes, que, portanto, crescem sem a proteção de um fruto.

a) A imagem mostra o hábitat da *Welwitschia*. Que ambiente é esse?

b) Qual o principal desafio enfrentado pelos seres que habitam locais como esse?

4 Numere na ordem correta da germinação as imagens a seguir

Luis Moura

É Hora de Experimentar

Mudando a cor das flores

Material:

- dois copos transparentes;
- corante de alimentos;
- duas flores brancas de crisântemo;
- água.

Como fazer

1. Encham dois copos com água até a metade.
2. Diluam corante em um dos copos.
3. Coloquem uma flor branca com caule em cada copo por três dias.

Registrando

Ilustre abaixo o que você acha que vai acontecer com as flores.

Indique na ilustração qual delas foi colocada na água com corante. E responda:

a) O que você acha que ocorrerá com a flor que está na água com corante?

____

b) O que você acha que acontecerá com a flor que está na água sem corante?

____

Concluindo

Após três dias, observe as flores e faça um desenho de cada uma.

A água com corante chegou até as pétalas? Se isso aconteceu, relacione esse fato com uma das utilidades do caule.

____

____

____

CAPÍTULO

2 Tudo muito mais verde

Bate--bola

Você acha certo que, em nome do progresso, as matas sejam derrubadas?

J. R. Eyerman/Time & Life Pictures/Getty Images

Desmatamento

As plantas, como vimos até aqui, são muito importantes para a vida de todos os animais. Os seres humanos desmatam vastas áreas para fazer plantios e criar gado, além de utilizar a madeira das árvores para construir casas, móveis etc. O desmatamento pode ser feito por corte de árvores ou por meio de queimadas.

No entanto, quando a exploração da madeira se torna exagerada, espécies vegetais desaparecem, animais silvestres perdem seu abrigo e alimento, a quantidade de chuvas pode diminuir, enfim, o ambiente onde existia a mata se torna bastante degradado.

Ruy Baron/Valor/Folhapress

Rio Xingu na cidade de Altamira, PA. A imagem à esquerda é de 2011, quando a paisagem está bem preservada.

Juan Doblas/ISA/Handout/Reuters/Latinstock

Essa mesma paisagem em 2012 apresenta diversas alterações para a construção da Usina Hidrelétrica de Belo Monte.

Agora é com você

1 Leia a tirinha a seguir e depois faça o que se pede.

Mauricio de Sousa Produções Ltda

a) Na sua opinião, por que Chico Bento fala que está plantando uma árvore de esperança?

____

____

b) O que provavelmente aconteceu com os animais que viviam nessa área?

____

c) Discuta com o professor e os colegas o que poderia ser feito para diminuir o desmatamento. Depois faça um pequeno texto registrando o que vocês conversaram.

____

____

____

2 A Turma Conectada tem de tomar uma decisão. Vamos ajudá-los?

Estúdio Ornitorrinco

Discuta com o professor o que você acha que o professor Walter responderá aos alunos e por que ele tomou essa decisão.

Bom papo com...

Eliane Potiguara

Eliane Potiguara é educadora, escritora e defensora dos direitos dos povos indígenas sobre suas terras como forma de manter a ligação deles com as florestas onde vivem.

Acervo Pessoal

1 Seus antepassados eram índios potiguaras, que viviam no litoral nordestino e perderam grande parte de seu território com o passar do tempo. Como o grupo lidou com essa perda?

Quando potiguaras e tabajaras ainda habitavam todo o litoral nordestino, a área em que esses povos moravam foi reduzida, e algumas famílias ficaram sem suas terras. Essa exclusão afetou seriamente a vida dessas pessoas, que ficaram pobres e sem acesso à cultura. Para mudar essa triste realidade, a população lutou por seus direitos e conseguiu recuperar terras de seus antepassados, voltando ao modo de vida que tinham antes.

2 Você vê alguma diferença entre a relação do indígena e a do não indígena com a natureza?

O indígena retira apenas o necessário para sua família e, depois, repõe, de forma sustentável.

Já o não indígena tem o costume de acumular bens e multiplicar o que tem. Ele retira tudo de que precisa para si e mais um pouco com a intenção de vender, sem considerar se o meio ambiente vai repor aquilo que foi tirado.

3 Indique uma situação que demonstra essa diferença.

Isso é comum nos **manguezais**. Certas vezes o comerciante retira tantos caranguejos de um mesmo local que a quantidade desses animais praticamente se esgota.

Isso ocorre, principalmente, porque retiram muitas fêmeas com **ovas**, mostrando que não se preocupam com a reposição natural do próprio animal que garante o sustento deles. Com esse descuido, todos saem perdendo.

Manguezal: ambiente formado pelo encontro das águas do mar com um rio.
Ova: conjunto de ovos de animais como o caranguejo, que dará origem a novos indivíduos.

É hora de **saber mais**

Parque Nacional da Tijuca comemora 150 anos de reflorestamento

Quando o assunto é meio ambiente, todo mundo sabe que a palavra de ordem é preservar. E o Parque Nacional da Tijuca, no Rio de Janeiro, sabe bem disso: está comemorando 150 anos de reflorestamento, uma prática muito importante na recuperação de regiões desmatadas.

Jose Roberto Couto/Tyba

No meio da cidade do Rio de Janeiro, a Floresta da Tijuca chama atenção por ser uma grande área verde.

A Floresta da Tijuca faz parte da Mata Atlântica, vegetação que cobria todo o litoral brasileiro antes do descobrimento. Com a chegada dos colonizadores, o número de pessoas aumentou muito e várias árvores foram derrubadas para dar espaço a casas e ao cultivo de café.

Mas aí surgiu um problema: essas árvores eram responsáveis por **reter** a água da chuva, que ia direto para as nascentes dos rios e abastecia as casas. Daí, quanto menos árvores, menos água para a população. Com cada vez mais gente morando no Rio, você pode imaginar o tamanho da confusão!

O imperador Dom Pedro II ficou muito preocupado com a falta de água e, para solucionar o problema, ordenou o **reflorestamento** da região. "Isso foi muito importante para preservar nosso pedacinho de Mata Atlântica, que hoje tem uma área equivalente a 4 mil campos de futebol", conta Luiz Fernando Lopes, analista ambiental do parque. [...]

Disponível em: <http://chc.cienciahoje.uol.com.br/preservacao-desde-os-tempos-do-imperio>. Acesso em: set. 2012.

Ronaldo Barata

Reflorestamento: plantio de árvores em locais onde as árvores originais foram derrubadas.
Reter: segurar.

Cantinho de sugestões

Livros

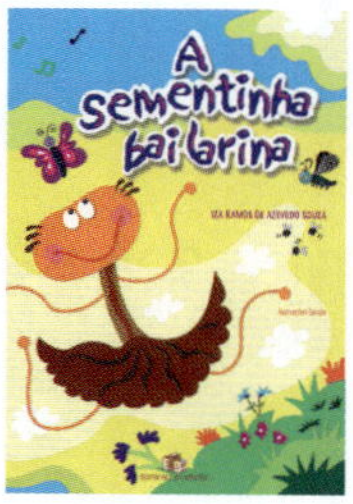

Editora do Brasil

- *A sementinha bailarina*, de Iza Ramos de Azevedo. São Paulo: Editora do Brasil, 2006 (Coleção Brincando com a Leitura).
  As sementinhas estavam esperando pelo vento, que as levaria ao chão para germinar, mas têm seu destino mudado e devem lutar pela própria sobrevivência.

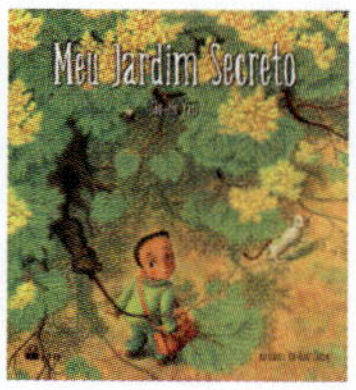

Editora FTD

- *Meu jardim secreto*, de Shu-Nu Yan. São Paulo: Editora FTD, 2009 (Série Isto e Aquilo).
  O livro conta a história de um menino que decide transformar um bosque em seu jardim secreto, mas algo inesperado acontece.

Relembrando o que estudei

- As plantas são formadas por raiz, caule e folha. Muitas apresentam também flores, frutos e sementes.
- As principais funções da raiz são fixar a planta ao solo e absorver água e sais minerais. O caule transporta pelo corpo da planta a água, os sais minerais e o alimento produzido nas folhas. A flor atua na reprodução; dela originam-se o fruto e a semente. O fruto protege a semente, que é responsável pela germinação.
- Os vegetais são essenciais para a vida no planeta, seja a vida dos seres humanos, seja a de outros animais.
- Muitas vezes, o ser humano explora a água de forma inadequada.
- O ser humano desmata a fim de utilizar a madeira das árvores para fabricar objetos, construir casas e criar lavouras e pastagens.
- Para diminuir os desmatamentos podem-se destinar áreas para plantio de árvores, das quais, depois, se utilizará a madeira.

Serra Pelada no município de Curionópolis, Pará. Década de 1980.

UNIDADE

8

A natureza oferece tudo aquilo de que precisamos?

Rogério Reis/Pulsar Imagens

Serra Pelada, no município de Curionópolis, Pará. Década de 2010.

É hora de trocar ideias

1. As imagens destas páginas mostram dois momentos de uma região chamada Serra Pelada. A imagem da esquerda mostra o local durante o garimpo de ouro. Como você poderia descrever a região?
2. O ouro é um recurso natural. O que é recurso natural?
3. Na imagem da direita vemos a mesma região nos dias atuais. Em sua opinião, qual situação é melhor para os seres que habitam o local?

CAPÍTULO

1 Recursos naturais

Fabio Colombini

Plantação de eucaliptos.

Garry Wade/The Image Bank/Getty Images

Menina lendo livro.

Rogério Reis/Pulsar Imagens

Mineração de ferro.

Paulo Fridman/Pulsar Imagens

Automóveis.

Rogerio Reis/Tyba

Usina hidrelétrica.

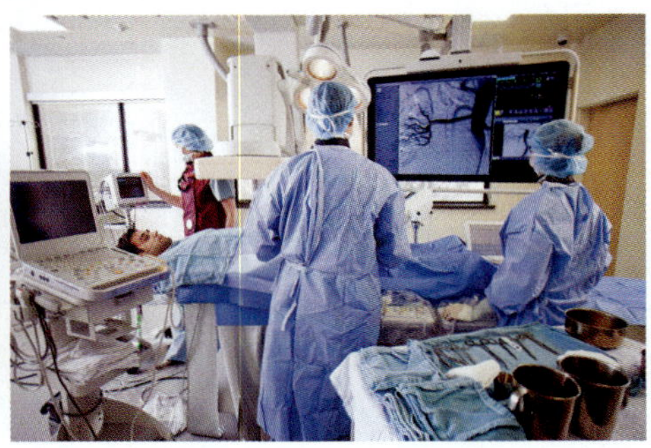
Jim Craigmyle/Corbis/Latinstock

Hospital.

Bate--bola

Que relações você consegue estabelecer entre as imagens da esquerda e as da direita?

As árvores, o ferro, águas e diversos outros recursos são bens produzidos e fornecidos pela natureza. Por esse motivo, esses exemplos mencionados são chamados de **recursos naturais**.

Deles, vários objetos são produzidos ou energia é produzida. De alguns tipos de árvores, como o eucalipto, é retirada a celulose, substância essencial para a fabricação de papel. O ferro que compõe muitas peças de automóveis é um mineral extraído do solo de algumas regiões. As hidrelétricas geram, por meio do uso da água, energia elétrica para nossa casa, hospitais, escolas etc.

Agora, observando os vários ambientes da escola, você consegue perceber a presença de alguns recursos naturais? Que recursos naturais são esses?

Tipos de recursos naturais

Os recursos podem ser classificados de três formas: recursos naturais renováveis, recursos naturais não renováveis e recursos naturais potencialmente renováveis.

Os recursos naturais que se regeneram ou são repostos na natureza são chamados de **renováveis**. Como exemplos podem ser citados os vegetais, a água, a energia solar etc.

Os recursos naturais que não se regeneram ou levam um tempo muito grande para serem repostos naturalmente são chamados de **não renováveis**. Como exemplos podem ser citados o petróleo, o alumínio e o ouro.

Atualmente está sendo usada também a classificação de recursos naturais **potencialmente renováveis**. Os animais e as florestas, por exemplo, poderiam ser considerados renováveis. No entanto, como a ação humana é capaz de destruir esses recursos mais rapidamente do que o meio ambiente os renova, o certo é considerá-los recursos naturais potencialmente renováveis.

Eduardo Zappia/Pulsar Imagens

O carvão mineral é um recurso natural não renovável. Ele é muito utilizado como combustível em indústrias.

Delfim Martins/Pulsar Imagens

Pessoa trabalhando em plantação de cana-de-açúcar, recurso natural renovável.

Recursos energéticos ou não energéticos

Além de serem classificados como renováveis, não renováveis e potencialmente renováveis, os recursos naturais também podem ser considerados **energéticos** ou **não energéticos**.

Os recursos naturais energéticos são aqueles que podem ser usados para produzir alguma forma de energia. Veja os exemplos a seguir.

Fabio Colombini

Petróleo: é energético, pois dá origem a vários tipos de combustíveis usados para movimentar máquinas.

Gerson Gerloff/Pulsar Imagens

Carvão: é energético, pois a queima do carvão produz calor.

O Sol, o vento e as águas também são exemplos de recursos energéticos, pois podem fornecer energia. A energia que produzem normalmente é transformada em energia elétrica.

Os recursos naturais não energéticos são aqueles que não podem ser usados para produzir alguma forma de energia. Observe os exemplos:

Alessandro Viana/Tyba

Ferro: é usado na construção de casas e prédios, em diversas peças de automóveis e faz parte da estrutura de várias ferramentas. O aço usado nos trilhos de trem também é composto basicamente de ferro.

Carlo Mari/Photononstop/AFP

Água: quando usada nas usinas hidrelétricas, ela é um recurso natural energético. No entanto, quando utilizada para matar a sede de animais ou é absorvida pelas raízes de plantas, a água **não** é considerada um recurso energético.

Mãos à obra

Como devemos explorar os recursos naturais?

1. Observe atentamente a charge a seguir.

Angeli

Antes: recursos naturais preservados e sendo explorados por um indígena bastante saudável.

Depois: pouquíssimos recursos naturais, muito lixo acumulado e o indígena bem mais magro do que antes.

2. Organizem-se em dois grandes grupos. Com base nesses desenhos, realizem um debate. Cada grupo deve defender uma das ideias a seguir.

a) A exploração dos recursos naturais é muito importante para o desenvolvimento e a sobrevivência das sociedades.

b) A exploração e a utilização de recursos naturais podem provocar diversos problemas ambientais.

Ambientes degradados e poluição

Como vimos, não podemos viver sem os recursos naturais, não é mesmo? No entanto, o ser humano tem utilizado os elementos do meio ambiente de forma pouco consciente. Os recursos não renováveis, como o petróleo e os minérios, estão sendo extraídos há muitos anos, degradando o ambiente de onde são retirados. Em virtude disso, em muitos lugares já não existem mais ou estão acabando.

E não é só isso não. A pesca tem diminuído a quantidade de peixes nos mares e rios, assim como animais terrestres que são vítimas de caça podem entrar em extinção, como o tatu-bola. A água está sendo poluída em muitos pontos e florestas têm sido derrubadas, como vimos na unidade anterior.

João Prudente/Pulsar Imagens

Congestionamento de carros em Ananindeua, Pará, 2013. O uso de combustíveis feitos de petróleo, como a gasolina, aumentou muito nos últimos anos. Além de ser não renovável, esse elemento é altamente poluente, tornando-se um grande problema nas cidades grandes.

Rodrigo Zannotto/Correio Amazonense/AE

Filhote de tartaruga coberto de óleo no Rio Negro, Amazonas, 2005. Ao longo dos anos ocorreram vários vazamentos de petróleo nas plataformas de exploração ou em navios que o transportavam, causando sérios danos ambientais.

Fabio Colombini

Os processos de produção em usinas de transformação provocam a emissão de gases e de resíduos líquidos ou sólidos. A poluição gerada por esses resíduos é um dos grandes problemas atuais.

É preciso que governantes e cidadãos convivam em harmonia com os bens oferecidos pelo meio ambiente, pensando sempre nas consequências para as gerações futuras, pois o mundo de amanhã depende de nossas atitudes de hoje.

Uma solução menos prejudicial que vem surgindo pouco a pouco para o problema da obtenção de energia é o uso de fontes enérgicas limpas.

A água utilizada nas hidrelétricas é considerada uma energia limpa. Mas essas construções também trazem problemas, pois vastas áreas de mata são destruídas por conta de suas barragens.

Promessas para o futuro são a energia eólica e a energia solar.

A **energia eólica** é produzida da força dos ventos, que movimenta grandes hélices. Essas hélices movimentam turbinas e geram energia elétrica. No entanto, somente podem ser úteis em locais onde há ventos fortes e constantes.

Fábio Cortez/DN/DA Press

Turbinas eólicas em Rio do Fogo, Rio Grande do Norte, 2006.

Como o nome já diz, a **energia solar** é obtida do Sol. Placas são colocadas para captar os raios solares, os quais são, depois, transformados em energia elétrica. É a forma mais abundante de energia, e deve ser cada vez mais utilizada.

Eduardo Zappia/Pulsar Imagens

Painéis solares em escola agrícola do município de Independência, Ceará, 2013.

Agora é com você

1 Observe a tirinha a seguir e, depois, faça o que se pede.

Mauricio de Sousa Editora Ltda

a) Qual situação cria o humor da tirinha?

____

____

b) Nomeie os recursos naturais que, de alguma forma, aparecem nesses desenhos.

____

____

c) Quais dos recursos que aparecem na imagem são renováveis e podem gerar energia?

____

____

2 Foi inventado um carro que utiliza uma forma de energia que os pesquisadores afirmam ser a energia do futuro. O proprietário desse tipo de carro gastará dinheiro para colocar combustível?

Paul Sutherland/National Geographic/Getty Images

Placas no capô absorvem os raios solares.

A energia solar é transformada em energia elétrica e o carro funciona sem combustível.

CAPÍTULO 2

Exploração e transformação de recursos naturais

Foto: Image Source/Latinstock / Ilustração: Leonardo Conceição

Bate-bola

Imagine um objeto qualquer. Você acha que esse objeto utiliza algum recurso da natureza?

Então, você sabia que tudo que constitui esse objeto, de alguma forma, veio do meio ambiente? Pode até parecer exagero, mas realmente tudo que existe tem sua origem na natureza. Veja alguns exemplos.

- Patins – as botas são feitas de plástico e as rodas de borracha. O plástico e a borracha podem ser produzidos do petróleo. Há também a origem vegetal da borracha, que é o látex, um líquido extraído de uma árvore.
- Óculos – a armação pode ser feita de metal e a lente é feita de vidro. Metais como o aço são produzidos do ferro, um mineral. O vidro é produzido com a sílica, um componente mineral muito encontrado na areia.
- Boneca – em geral, o corpo das bonecas é feito de borracha, os cabelos de náilon e as roupas de algodão. A borracha, como vimos, tem origem vegetal ou mineral (do petróleo). O náilon é feito do petróleo, como os plásticos, e o algodão é um vegetal que produz as fibras usadas no tecido.

A indústria extrativista

Agora você já percebeu que os recursos naturais dão origem a tudo que conhecemos e utilizamos. Mas como eles são retirados do meio ambiente?

A **indústria extrativista** ou **extrativismo** reúne todas as atividades de coleta de recursos naturais. Esses recursos retirados da natureza podem ser de **origem mineral**, **vegetal** ou **animal**.

Ricardo Azoury/Pulsar Imagens

A retirada de látex da seringueira é extrativismo vegetal.

Franco Hoff/Pulsar Imagens

A mineração do ouro é extrativismo mineral.

Sergio Ranalli/Pulsar Imagens

A pesca é extrativismo animal.

A indústria extrativista é a mais antiga atividade humana, pois o ser humano sempre precisou retirar do meio ambiente alimentos e materiais para construir habitações e ferramentas.

Edson Sato/Pulsar Imagens

Indígenas da etnia yanomami na comunidade Toototobí carregando frutos do buriti em Barcelos, AM, 2010.

O extrativismo vegetal é responsável por retirar madeira, folhas, sementes, raízes, frutos e outras partes de árvores e plantas.

O extrativismo animal é responsável por coletar do meio ambiente peles, óleos, mel, chifres, carne e outros produtos retirados de animais ou produzidos por eles. No Brasil, a caça só é permitida para comunidades indígenas.

A indústria de transformação

A **indústria de transformação** transforma recursos naturais em produtos que serão usados pelas pessoas ou por outras indústrias de transformação. Veja um exemplo:

Ilustrações: Ronaldo Barata

O leite é retirado da vaca.

Ele é levado para uma indústria que o transformará.

Na indústria o leite se transforma em produto para ser comercializado. O produto pode ser o próprio leite ou derivados, como iogurte, requeijão, manteiga, queijo.

Há inúmeros tipos de indústrias de transformação. Alguns tipos estão descritos a seguir.

- Indústria alimentícia: prepara alimentos, transformando-os para o consumo.
- Indústria automobilística: produz automóveis.
- Indústria química: fabrica variados produtos químicos, como produtos de limpeza, alguns produtos de higiene pessoal e fertilizantes.

Ponto com

http://ponto com

- Organizem-se em grupos. Nos *sites* indicados pelo professor, pesquisem os tipos de indústria listados a seguir e deem três exemplos de produtos fabricados em cada um.

indústria farmacêutica — indústria têxtil — indústria moveleira
indústria eletroeletrônica — indústria metalúrgica — indústria de cosméticos

Bom papo com...

Jean Remy Davée Guimarães

Acervo pessoal

Jean Remy Davée Guimarães é professor universitário e se dedica a pesquisar a influência da exploração dos recursos naturais e seu impacto negativo no ambiente. Ele afirma que o atual modelo de desenvolvimento dos países está sendo aplicado como se os recursos naturais não fossem acabar nunca. A consequência disso é que esse modo de exploração certamente trará resultados negativos para todos os seres vivos.

1 Por que o modo atual de exploração dos recursos naturais é tão prejudicial para o planeta?

Porque usamos recursos demais, usamos mal, e com isso geramos montanhas de lixo, poluição e mudanças climáticas indesejáveis.

2 Quais recursos naturais têm sido mais explorados?

Os principais são água, terras agricultáveis, recursos pesqueiros, madeira e minérios.

3 Como você explicaria a uma criança o que é sustentabilidade?

Sustentabilidade é usufruir do planeta de forma que não impeça nossos filhos e netos de também aproveitar esses recursos. Atualmente estamos agindo de um modo não sustentável, pensando apenas no hoje e não nas gerações futuras.

4 A solução para o problema ambiental tem várias propostas. Em linhas gerais, na sua opinião, quais seriam as decisões mais urgentes a ser tomadas?

Reduzir drasticamente o consumo, o desperdício e as emissões de gases de efeito estufa; reciclar ao máximo; voltar a produzir alimentos saudáveis. Também é muito importante combater a desigualdade social, pois uns consomem muito e outros não têm acesso a esses bens. E, sobretudo, todos devem comprar menos, viver mais!

Entrevista concedida especialmente para esta obra.

Agora é com você

1 A carnaúba é uma palmeira encontrada no Brasil, principalmente nos estados do Ceará e Piauí.

A carnaúba é conhecida como "árvore da providência". Das raízes extraem-se medicamentos; do caule, retira-se uma madeira muito durável; das folhas são feitos chapéus e cordas e é extraída a cera, com a qual são produzidas velas, vernizes e polidores de móveis; o fruto serve para alimentar o gado e fornecer polpa para doces; além de outras utilidades.

Cesar Diniz/Pulsar Imagens

Palmeiras de carnaúba ao lado de lago na Praça dos Girassóis em Palmas, TO, 2013.

a) Por que a carnaúba é conhecida como a "árvore da providência"?

____

____

____

b) Cite dois exemplos de produtos feitos a partir da carnaúba.

____

c) Os produtos extraídos precisam passar depois pela indústria de transformação? Cite um exemplo.

____

____

____

2 Complete as frases usando as palavras a seguir.

> móveis indústrias gasolina não renovável
> antiga madeira antiga mineral extrativista

a) A ____________ é um recurso natural potencialmente renovável. Nas ____________ moveleiras ela é transformada em ____________.

b) O petróleo é um recurso natural ______________. Em indústrias petroquímicas ele é transformado em diversos produtos, como a ______________, usada como combustível para automóveis.

c) A indústria ______________ é a responsável por coletar os recursos naturais de origens animal, vegetal e ______________. Essa é a mais ______________ atividade humana.

3 A música a seguir foi escrita pelos compositores Toquinho e Elifas Andreato. Leia a letra e, depois, responda às questões.

Herdeiros do futuro

A vida é uma grande amiga da gente
Nos dá tudo de graça pra viver:
Sol e céu, luz e ar
Rios e fontes, terra e mar...
Somos os herdeiros do futuro
E para esse futuro ser feliz
Vamos ter que cuidar
Bem desse país
Vamos ter que cuidar
Bem desse país...
Será que no futuro haverá flores?
Será que os peixes vão estar no mar?
Será que os arco-íris terão cores?
E os passarinhos vão poder voar?...
Será que a Terra vai seguir nos dando
O fruto, a folha, o caule e a raiz?
Será que a vida acaba encontrando
Um jeito bom da gente ser feliz?...
Vamos ter que cuidar
Bem desse país
Vamos ter que cuidar
Bem desse país...

Herdeiros do futuro. Toquinho e Elifas Andreato.
In: *Toquinho e convidados*. Movieplay, 1997. Lado A. Faixa 1.

a) Que recursos naturais foram citados?

____

____

b) Por que os compositores afirmam que "A vida é uma grande amiga da gente, nos dá tudo de graça pra viver"?

____

____

____

Cantinho de sugestões

Livro

Editora PoD

- *Almanaque ecológico do Lucas*, de Léo Valença. Rio de Janeiro: PoD Editora, 2012.
  Dedicado ao público infantil, esse livro mistura desenhos e passatempos com explicações sobre desmatamento, aquecimento global, direitos dos animais e outras questões ambientais.

Filme

Walt Disney Pictures

- *Wall-E*. Direção de Andrew Stanton. Animação. EUA: Pixar Animation, 2008, 98 min.
  Imagine o planeta Terra transformado em um enorme depósito de lixo, sob os cuidados de um robô um pouco diferente. Esse filme nos leva à reflexão de como seria a humanidade caso desistíssemos de manter a qualidade ambiental do planeta e fôssemos viver em outro lugar.

Relembrando o que estudei

- Recursos naturais são os bens produzidos e fornecidos pelo meio ambiente. São exemplos o ferro, as árvores, o solo, os peixes, o petróleo, a energia fornecida pelo Sol, águas e ventos.
- Os recursos naturais podem ser classificados como renováveis, não renováveis e potencialmente renováveis .
- Os recursos naturais também podem ser classificados como energéticos (carvão, petróleo, energia solar, das águas e do vento) e não energéticos (animais, vegetais e a maioria dos minerais).
- A fim de garantirmos um planeta saudável para as gerações futuras precisamos usar os recursos de maneira consciente e buscar formas limpas de energia.
- A indústria extrativista ou extrativismo reúne todas as atividades de coleta de recursos naturais.
- A indústria de transformação transforma recursos naturais em produtos que serão usados pelas pessoas ou por outras indústrias de transformação.

Glossário

Monteiro Lobato – página 40: nasceu em Taubaté, interior de São Paulo em 1882 e faleceu em 1948. Durante sua vida escreveu obras de destaque como *Urupês*, *Sítio do Picapau Amarelo* e *Reinações de Narizinho*, que são famosas até hoje.

Saulo Nunes Marques

Caravelas – página 88: eram embarcações feitas de madeira e foram usadas na época das Grandes Navegações por portugueses e espanhóis.

As caravelas eram capazes de transportar muitas pessoas e toneladas de mercadorias. Tinham uma ou mais velas grandes e altas de formato, geralmente, retangular. Essas velas eram presas em altos mastros.

Foram muito importantes na época das Grandes Navegações para o transporte de especiarias asiáticas (pimenta, gengibre, noz-moscada, açafrão, cravo, canela e seda).

Moinhos de vento – página 81: são grandes construções que utilizam a força dos ventos para moer grãos, cortar materiais como madeira e puxar água do subsolo. É muito comum em lugares planos e com muito vento, como a Holanda e a França.

Makym/Dreamstime.com

Células – página 116: as células são a menor parte do corpo. Estão presentes em todo o organismo e o ajudam a desempenhar todas as suas funções.

Existem inúmeras células no corpo dos animais, todas muito pequenas – aproximadamente, cem vezes menores que a cabeça de um alfinete.

Paulo César Pereira

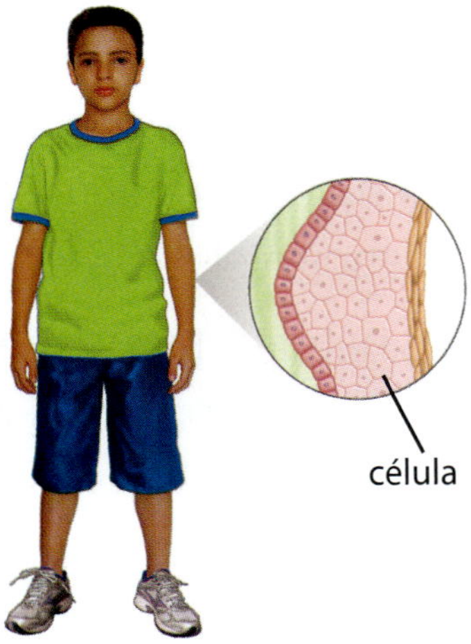

Meteorito – página 131: pedaço de rocha espacial que atinge a superfície do planeta Terra.

Vestígios – página 141: restos ou marcas.

Referências bibliográficas

Bennett, P. *Terra*: uma incrível máquina de reciclagem. Trad. Flávia Glens. São Paulo: Moderna, 1996. (Desafios).

Branco, S. M. *O meio ambiente em debate*. São Paulo: Moderna, 2004. (Coleção Polêmica).

BRETONES, P. S. *Os segredos do Universo*. São Paulo: Atual, 1995.

Brusca, R. C.; Brusca, G. J. *Invertebrados*. Rio de Janeiro: Ed. Guanabara Koogan, 2007.

Campbell, N. et al. *Biologia*. 8. ed. Porto Alegre: Artmed, 2010.

Campos, R. S. P. de et al. *Experimentando ciência*: teorias e práticas para o ensino da Biologia. São Paulo: Cultura Acadêmica; Universidade Estadual Paulista; Pró-Reitoria de Graduação, 2011.

Capra, F. et al. *Alfabetização ecológica*: a educação das crianças para um mundo sustentável. São Paulo: Cultrix, 2006.

Damasio, F.; Steffani, M. H. A Física nas séries iniciais (2ª a 5ª) do Ensino Fundamental: desenvolvimento e aplicação de um programa visando a qualificação de professores. *Revista Brasileira de Ensino de Física*, São Paulo, v. 30, n. 4, p. 1-9, 2008.

Davies, A.; Blakeley, A. G. H.; Kidd, C. *Fisiologia humana*. São Paulo: Artmed, 2002.

Ferreira, M.; Almeida, G. *Introdução à Astronomia e às observações astronômicas*. 7. ed. Lisboa: Plátano Editora, 2004.

Gaspar, A. *Experiências de Ciências para o Ensino Fundamental*. São Paulo: Ática, 2005.

Gewandsznajder, F. *Nutrição*. São Paulo: Ática, 2004.

Lucci, E. A. *O Universo, o Sistema Solar e a Terra*: descobrindo as fronteiras do Universo. São Paulo: Atual, 2006.

Mattos, N. S. de. *Lixo:* problema nosso de cada dia – Cidadania, reciclagem e uso sustentável. São Paulo: Saraiva, 2005.

Scliar, M. O *livro da Medicina*. São Paulo: Companhia das Letrinhas, 2000.

Teixeira, W.; Fairchild, T. R.; Toledo, M. C. M. de; Taioli, F. *Decifrando a Terra*. 2. ed. São Paulo: Companhia Editora Nacional, 2009.

Waldman, M.; Schneider, D. *Guia ecológico doméstico*. São Paulo: Contexto, 2003.

Encartes

Encarte da página 62

Dominó dos tipos de alimentos. Relacione as imagens ao tipo de alimento descrito.

Recorte

Mama_mia/Shutterstock

Proteína

Barbara Bonisolli/StockFood/Latinstock

Proteína

Pavel Bugrov/Dreamstime.com

Proteína

Viktor1/Shutterstock

Lipídio

Zonefatal/Dreamstime.com

Vitamina

EWT/SPL/Latinstock

Carboidrato

Verchik/Shutterstock

Proteína

Valentyn75/Dreamstime.com

Carboidrato

Elena Itsenko/Shutterstock

Carboidrato

Elena Schweitzer/Shutterstock

Carboidrato

Fernando Favoretto/Criar Imagem

Vitamina

Olga Popova/Shutterstock

Carboidrato

Lisovskaya Natalia/Shutterstock

Mineral

Wsr/Alamy/Glow Images

Proteína

Recorte

Mama_mia/Shutterstock

Proteína

Barbara Bonisolli/StockFood/Latinstock

Proteína

Pavel Bugrov/Dreamstime.com

Proteína

Viktor1/Shutterstock

Lipídio

Zonefatal/Dreamstime.com

Vitamina

EWT/SPL/Latinstock

Carboidrato

Verchik/Shutterstock

Proteína

Valentyn75/Dreamstime.com

Carboidrato

Elena Itsenko/Shutterstock

Carboidrato

Elena Schweitzer/Shutterstock

Carboidrato

Fernando Favoretto/Criar Imagem

Vitamina

Olga Popova/Shutterstock

Carboidrato

Lisovskaya Natalia/Shutterstock

Mineral

Wsr/Alamy/Glow Images

Proteína

Encarte da página 72

Monte seu prato saudável! Recorte os alimentos da página 183 e monte-os sobre este prato, fazendo as combinações sugeridas na página 67.

Recorte

Krivosheev Vitaly/Shutterstock

Recorte

Spaxia/Dreamstime.com

Klimovigor/Dreamstime.com

Natalia Mylova/Shutterstock

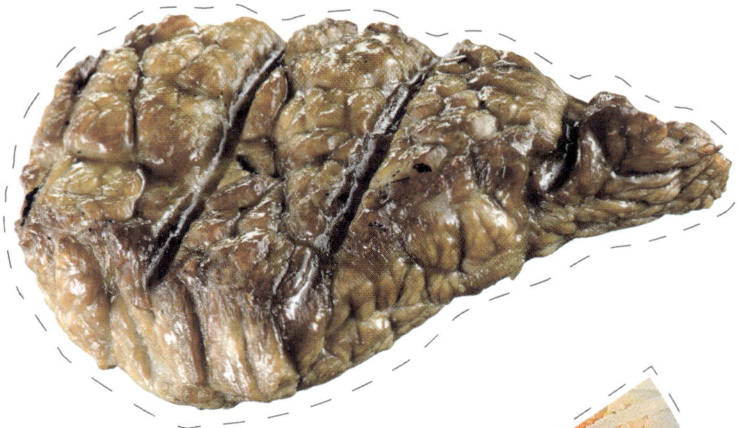

Tim UR/Shutterstock

WBB/Shutterstock

Vladstar/Dreamstime.com

Encarte da página 142

Meu parque dos dinossauros

Recorte este cenário e os dinossauros das páginas seguintes. Daí em diante, é só criar as mais emocionantes aventuras em seu próprio mundo pré-histórico. Aproveite e pesquise mais sobre cada um dos dinossauros apresentados.

Recorte

RICHARD BIZLEY/SPL/Latinstock

Dobre

Recorte

SPL/Getty Images

Dicrossauro

SPL/Getty Images

Ceratossauro

Nobumichi Tamura/Stocktrek Images/Getty Images

Anquilossauro

Nobumichi Tamura/Stocktrek Images/Getty Images

Estegossauro

Recorte as abas para o cenário e cole no verso, como o modelo ao lado.

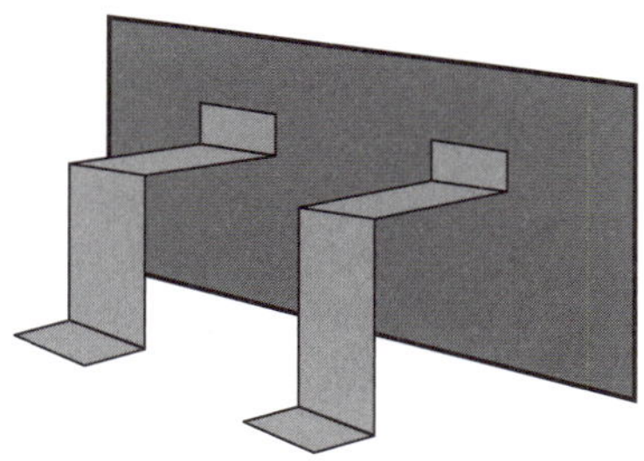

Modelo das abas presas ao cenário da página 185.

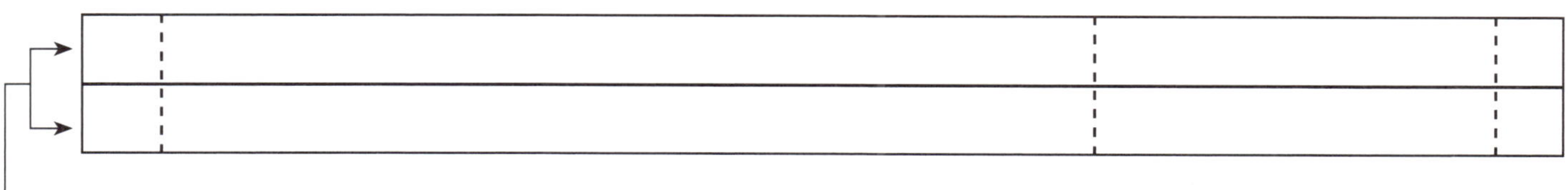

Dobre e cole estes dois lados

Recorte

Nobumichi Tamura/ Stocktrek Images/ Getty Images

Parassaurolofo

Nobumichi Tamura/ Stocktrek Images/ Getty Images

Triceratops

Science Photo Library RF/Getty Images

Tiranossauro rex

Science Photo Library RF/Getty Images

Euoplocéfalo

Recorte

Elena Duvernay/Stocktrek Images/Getty Images

Gigantoraptor

Corey Ford/Stocktrek Images/Getty Images

Argentinossauro

Leonello Calvetti/Stocktrek Images/Getty Images

Braquiossauro

Nobumichi Tamara/Stocktrek Images/Getty Images

Barionix